Süßer Advent

WINTERLICH & FESTLICH BACKEN

Genussvoll DURCH DIE WEIHNACHTSZEIT

Inhalt

Küchenhelfer

NUDELHOLZ

Vor allem zum Ausrollen von Keksteig ist das Nudelholz praktisch und essenziell. Aber auch beim Backen von Tartes kommt es zum Einsatz und darf nicht fehlen. Es gibt verschiedene Modelle aus unterschiedlichen Materialien.

PAPIERFÖRMCHEN

Gute Papierförmchen und ein Muffinblech dürfen beim Cupcake-Backen nicht fehlen! Das Muffinblech immer mit Papierförmchen auslegen, das verleiht Cupcakes beim Backen Stabilität.

SPRITZBEUTEL UND TÜLLEN

Für das Cupcake-Häubchen und auch generell für Verzierungen eigener Backwerke eignet sich ein Spritzbeutel mit verschiedenen Tüllen. Für die Cupcakes eignen sich große runde oder sternförmige Tüllen; für feinere Dekorationen kleinere Tüllen.

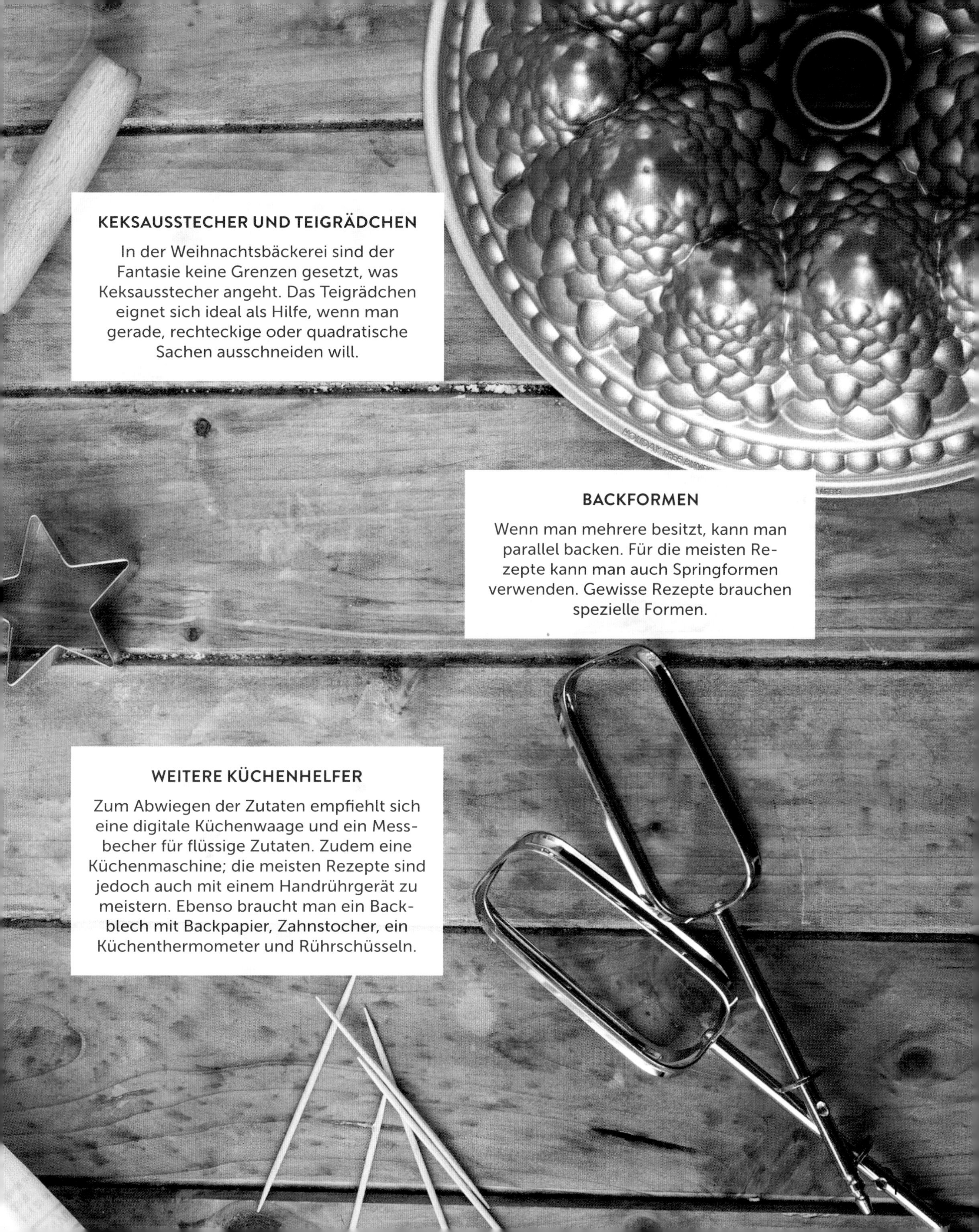

KEKSAUSSTECHER UND TEIGRÄDCHEN

In der Weihnachtsbäckerei sind der Fantasie keine Grenzen gesetzt, was Keksausstecher angeht. Das Teigrädchen eignet sich ideal als Hilfe, wenn man gerade, rechteckige oder quadratische Sachen ausschneiden will.

BACKFORMEN

Wenn man mehrere besitzt, kann man parallel backen. Für die meisten Rezepte kann man auch Springformen verwenden. Gewisse Rezepte brauchen spezielle Formen.

WEITERE KÜCHENHELFER

Zum Abwiegen der Zutaten empfiehlt sich eine digitale Küchenwaage und ein Messbecher für flüssige Zutaten. Zudem eine Küchenmaschine; die meisten Rezepte sind jedoch auch mit einem Handrührgerät zu meistern. Ebenso braucht man ein Backblech mit Backpapier, Zahnstocher, ein Küchenthermometer und Rührschüsseln.

Gewürzkunde

VANILLESCHOTE

Mit Vanille kann man hervorragend jede Art von Süßspeise verfeinern. Dafür nutzt man das Vanillemark, welches gewonnen wird, indem man die Schote längs aufschneidet und das Mark mit einem Messer vorsichtig herausschabt. Die Vanilleschoten kann man in ein Fläschchen geben und mit Wodka auffüllen. Nach einigen Monaten des Reifens hat man einen wundervollen Vanilleextrakt.

MUSKATNUSS, NELKEN UND ANIS

Diese drei Gewürze vervollständigen die Weihnachtsgewürzpalette und werden vor allem in der Weihnachtsbäckerei für die typischen Gebäcksorten wie Lebkuchen oder Pfeffernüsse eingesetzt. Am besten eignen sich gemahlene Gewürze, da sie in dieser Form den Gebrauch vereinfachen.

INGWER

Nicht nur in der asiatischen Küche ist Ingwer beliebt, sondern auch in der Weihnachtsbackstube. Gemahlener Ingwer ist die Signaturzutat in Ingwerplätzchen und Lebkuchen, die im Englischen auch Ingwerbrot (Gingerbread) genannt werden.

ZIMT…

… ist wahrscheinlich das typischste Weihnachtsgewürz in Europa und eignet sich in gemahlener Form hervorragend zum Backen! Zimt verfeinert jedoch nicht nur Backwaren, sondern auch Heißgetränke und sorgt für einen kleinen Energieschwung in der Winterzeit.

NÜSSE

Diverse Nüsse vervollständigen die Zutatenliste von winterlichem Gebäck und verleihen den Backwaren ein besonderes Aroma. Meist sind sie nach Belieben auch austauschbar.

CRANBERRYS

Cranberrys eignen sich als Winterbeeren hervorragend zum Backen in der Weihnachtszeit. Der herbsäuerliche Geschmack verleiht den Backwaren eine besondere Note.

Plätzchen
& Cookies

SCHOKOLADIGE Butterplätzchen

Diese schokoladigen Butterplätzchen sind perfekt, wenn es beim Backen mal etwas zügiger gehen muss. Sie sind einfach und schnell gemacht, schmecken aber köstlich.

ZUTATEN

Für ca. 60 Stück

200g weiche Butter

100g Puderzucker

1 Eigelb (Größe M)

220g Weizenmehl (Type 405)

40g Kakaopulver

Außerdem

Mehl für die Arbeitsfläche

ZUBEREITUNG

1 Die Butter in Stücke schneiden und mit den Schneebesen des Handrührgeräts oder der Küchenmaschine cremig-weiß rühren, dabei nach und nach den Puderzucker zugeben. Danach das Eigelb zugeben und gründlich unterrühren.

2 Mehl und Kakaopulver mischen, dazugeben und zügig untermischen, ohne den Teig zu kräftig zu rühren oder zu kneten – evtl. einfach mit einem Löffel locker zusammenfügen. Dann den Teig zu einer Kugel rollen, in Frischhaltefolie wickeln und 1–2 Stunden im Kühlschrank kühlen.

3 Den Backofen auf 175 °C (Ober-/Unterhitze) vorheizen. Den Teig auf möglichst wenig Mehl etwa 4mm dick ausrollen, die Plätzchen in gewünschter Form ausstechen und mit etwas Abstand zueinander auf ein mit Backpapier ausgelegtes Blech legen. Im heißen Ofen (auf mittlerer Schiene) 10–12 Minuten hellbraun backen. Herausnehmen, erst kurz auf dem Blech, dann vollständig auf einem Kuchengitter auskühlen lassen.

Tipp

Wenn Sie möchten, können Sie die Plätzchen noch mit einem Guss aus Puderzucker und etwas Zitronensaft verzieren.

Lebkuchenmänner

Diese kleinen Herrschaften sind so süß, dass man sie eigentlich gar nicht naschen möchte. Ein Hingucker auf dem Plätzchenteller oder als kleines Geschenk sind sie allemal.

ZUTATEN

Für ca. 40 Stück

120g Zucker

100ml Melasse

1 ½TL gemahlener Ingwer

1TL gemahlener Zimt

je 2 gute Prisen gemahlene Nelken und Muskatblüte (Macis)

1TL Natron

125g kalte Butter

1 Ei (Größe M)

350g Weizenmehl (Type 405)

80g Puderzucker

1 ½TL Zitronensaft

ZUBEREITUNG

1 Den Zucker und die Melasse in einem Topf erhitzen, bis der Zucker geschmolzen ist. Die Gewürze und das Natron unterrühren. Die Butter in Stücke schneiden, dazugeben und rühren, bis sich alles gut verbunden hat. Die Masse lauwarm abkühlen lassen. Dann erst das Ei gründlich unterrühren, portionsweise das Mehl zugeben und jeweils gründlich unterrühren. Den Teig abkühlen lassen, in Folie wickeln und über Nacht im Kühlschrank kühlen.

2 Am nächsten Tag den Teig vierteln oder halbieren und portionsweise auf einer bemehlten Arbeitsfläche etwa 4mm dick ausrollen. Mit Ausstechern ausstechen und die Plätzchen mit etwas Abstand zueinander auf mit Backpapier ausgelegte Bleche legen.

3 Den Backofen auf 200 °C (Ober-/Unterhitze) vorheizen und die Plätzchen darin (auf mittlerer Schiene) 8–10 Minuten hellbraun backen. Herausnehmen, erst kurz auf dem Blech, dann auf einem Kuchengitter auskühlen lassen.

4 Puderzucker und Zitronensaft glatt verrühren und in eine kleine Spritzdekorflasche oder -beutel füllen. Die Plätzchen damit verzieren: Gesicht, Kleidung und Knöpfe aufspritzen. Auf ein Kuchengitter legen und trocknen lassen.

Tipp

Wer will, kann die Keksfigürchen natürlich noch richtig chic ausstaffieren: Dazu den Guss mit Lebensmittelfarbe einfärben und „Knöpfe“ oder „Schmuck“ mit Liebesperlen oder Schokolinsen aufkleben.

FLUFFIGE Kokosmakronen

Wie kleine fluffige Schneewölkchen sehen die Makronen aus. Und auch geschmacklich sind sie wirklich himmlisch gut!

ZUTATEN

Für ca. 48 Stück

110g Puderzucker

4 Eiweiß (Größe M)

Salz

1TL Zitronensaft

200g Kokosraspel

1 Prise gemahlener Zimt

ZUBEREITUNG

1 Den Backofen auf 180 °C (Ober-/Unterhitze) vorheizen.

2 Dann die Eiweiße mit 1 Prise Salz und Zitronensaft steif aufschlagen, dabei den Puderzucker langsam einrieseln lassen.

3 Anschließend mit einem Spachtel die Kokosraspel mit Zimt untermischen.

4 Zwei Backbleche mit Backpapier auslegen und die Masse mit zwei Teelöffeln auf zwei mit Backpapier belegte Backbleche setzen und etwa 12 Minuten (auf mittlerer Schiene) backen.

Ingwerkekse
MIT WEISSER SCHOKOLADE

Diese Kekse trumpfen mit weihnachtlichen Gewürzen nur so auf! Der Überzug aus weißer Schokolade sorgt optisch noch für den letzten Feinschliff.

ZUTATEN

Für ca. 30 Stück

270g Weizenmehl (Type 405)

1TL Natron

Salz

2TL gemahlener Ingwer

¼TL gemahlene Nelken

¼TL gemahlene Muskatnuss

160g weiche Butter

100g Zucker

100g brauner Zucker

1 Ei (Größe M)

90g Melasse

1TL Vanilleextrakt

5EL Zucker

200g weiße Schokolade

2TL Kokosfett

ZUBEREITUNG

1 Das Mehl mit Natron, 1 Prise Salz, Ingwer, Nelken und Muskatnuss vermengen und beiseitestellen.

2 Die weiche Butter und beide Zuckersorten mit den Schneebesen eines Handrührgeräts 3–4 Minuten cremig aufschlagen. Das Ei hineinschlagen und weiterrühren. Anschließend Melasse und Vanilleextrakt hinzugeben.

3 Die Mehlmischung langsam während des Rührvorgangs hinzugeben und nun alles zu einem gleichmäßigen Teig vermengen. Den Teig in Frischhaltefolie wickeln und mindestens 1 Stunde im Kühlschrank oder 30 Minuten im Gefrierfach ruhen lassen.

4 Den Backofen auf 180 °C (Ober-/Unterhitze) vorheizen. Vom Teig mit einem Esslöffel jeweils eine kleine Portion abtrennen und diese zur Kugel formen. Die Kugel in dem zusätzlichen Zucker wälzen, anschließend auf ein mit Backpapier ausgelegtes Blech mit genügend Abstand zu den anderen Kugeln legen und leicht andrücken.

5 Die Kekse in 8–10 Minuten (auf mittlerer Schiene) goldbraun backen. In der Zeit die Schokolade hacken und das Kokosfett hinzugeben. Die Kekse abkühlen lassen und die Schokolade schmelzen. Zum Schluss die Kekse zur Hälfte in Schokolade tunken und trocknen lassen

ITALIENISCHE Castagnelle Baresi

Das sogenannte „Kastaniengebäck" aus der italienischen Region Bari gilt dort als typisches Weihnachtsgebäck, welches sich auch hierzulande großer Beliebtheit erfreut.

ZUTATEN

Für ca. 40 Stück

80g Zartbitterschokolade (70% Kakaoanteil)

250g Weizenmehl (Type 405)

200g Zucker

25g Backkakao

½TL Backpulver

1TL gemahlener Zimt

abgeriebene Schale von je 1 Bio-Zitrone und -Orange

250g gemahlene Mandeln

80ml Kaffee (alternativ Wasser)

50ml Milch (3,5%)

Außerdem

Mehl für die Arbeitsfläche

Puderzucker

ZUBEREITUNG

1 Den Ofen auf 200 °C (Ober-/Unterhitze) vorheizen.

2 Die Schokolade grob hacken und über dem heißen Wasserbad oder in der Mikrowelle schmelzen lassen. Mehl, Zucker, Kakao, Backpulver, Zimt, Zitronen- und Orangenschale in einer Schüssel vermischen. Die Mandeln hinzufügen. Kaffee, Milch und geschmolzene Schokolade hinzufügen und mit den Händen zu einem glatten Teig verkneten.

3 Den Teig fünfteln. Jedes Fünftel auf einer leicht bemehlten Arbeitsfläche zu einem 20cm langen Strang rollen. Den Strang etwas flach drücken und schräg in etwa 2cm große Stücke abschneiden, diese sehen dann aus wie Rauten. Die Rauten auf ein mit Backpapier belegtes Backblech geben und im heißen Ofen (auf mittlerer Schiene) 15–20 Minuten backen. Die Kekse sind noch etwas weich, wenn sie aus dem Ofen kommen. Davon nicht irritieren lassen, denn sie härten anschließend schnell nach.

4 Nach Belieben mit Puderzucker bestreuen.

Haselnussmakronen

Luftig leicht und durch die Haselnuss aber mit dem knackigen Extra! Die Haselnussmakronen sind schnell gemacht und immer viel zu schnell aus der Plätzchendose verschwunden.

ZUTATEN

Für ca. 50 Stück

3 Eiweiß (Größe M)

150g feinster Zucker

1 Pck. Vanillezucker (wahlweise 1TL Vanillearoma)

250g gemahlene Haselnusskerne

50 ganze Haselnusskerne

ZUBEREITUNG

1 Den Backofen auf 150 °C (Ober-/Unterhitze) vorheizen. Zwei Backbleche mit Backpapier auslegen.

2 Die Eiweiße mit dem Handrührgerät sehr steif schlagen, dabei den Zucker und den Vanillezucker einrieseln lassen. Zuletzt die gemahlenen Haselnüsse unter die Masse ziehen.

3 Mit einem Teelöffel walnussgroße Teighäufchen auf die Backbleche setzen, in die Mitte jeweils 1 ganzen Haselnusskern drücken. Die Makronen im vorgeheizten Backofen in 20 Minuten goldbraun backen.

Tipp

Geübte können die Masse in einen Spritzbeutel mit einer mittelgroßen Tülle füllen und den Teig in einem Kringel aufspritzen.

SCHOKO-MINZ-Cookies

Diese raffinierten Schokoplätzen bringen ordentlich Schwung und Farbe auf den Plätzchenteller!

ZUTATEN

Für ca. 30 Stück

150g Zartbitterschokolade (70% Kakaoanteil)

200g Butter

150g Zucker

200g Weizenmehl (Type 405)

50g Kakaopulver

¼TL Backpulver

¼TL Natron

Salz

1 Ei (Größe L)

3–5 Tropfen Pfefferminzöl (nach Belieben)

125g Vanillekuvertüre

3–6 Zuckerstangen

ZUBEREITUNG

1 Die Schokolade in Stücke brechen, die Butter in Stücke schneiden und zusammen mit dem Zucker über dem Wasserbad unter gelegentlichem Rühren schmelzen, dabei darauf achten, dass die Masse nicht zu heiß wird. Leicht abkühlen lassen.

2 Inzwischen Mehl, Kakaopulver, Backpulver, Natron und 1 Prise Salz mischen. Erst das Ei unter die leicht abgekühlte Masse rühren, anschließend Mehl und Pfefferminzöl hinzugeben. Den weichen Teig in Folie wickeln und 1–2 Stunden im Kühlschrank fest werden lassen, anschließend halbieren und aus den Hälften zwei Rollen formen (jeweils etwa Ø 5cm), in Pergamentpapier wickeln und über Nacht an einem kühlen Ort (oder im Kühlschrank) fest werden lassen.

3 Am nächsten Tag den Backofen auf 180 °C (Ober-/Unterhitze) vorheizen. Die Teigrollen in 6mm dicke Scheiben schneiden und mit etwas Abstand zueinander auf mit Backpapier belegte Bleche legen.
Im heißen Ofen (auf mittlerer Schiene) 20–25 Minuten backen, herausnehmen und erst auf dem Blech, dann auf dem Kuchengitter vollständig auskühlen lassen.

4 Die Kuchenglasur nach Packungsanweisung schmelzen, die Zuckerstangen in einen Gefrierbeutel geben und mit einem schweren Gegenstand in Stücke klopfen. Die Cookies jeweils zur Hälfte in die Glasur tauchen, leicht abtropfen lassen und auf ein Kuchengitter legen, sofort mit Zuckerstangen-Splittern bestreuen und fest werden lassen.

Tipp

Pfefferminzöl bekommt man in der Apotheke, dort sollte man auch nachfragen, ob es wirklich verzehrfähig ist. Je nach Minzsorte (Pfefferminze, Marokkanische Minze) variiert das Aroma und die Intensität – also erst immer ein wenig in den Teig einarbeiten, probieren und eventuell noch nachlegen!

Heidesand

Buttrig, nussig und zart sind diese kleinen Plätzchentaler. Wenn Sie möchten, können Sie diese entweder pur oder mit Schokoladenglasur verfeinert genießen.

ZUTATEN

Für ca. 24 Stück

125g Butter

30g Puderzucker

100g gemahlene, blanchierte Mandeln

100g Mandelmehl

1TL Vanilleessenz

Salz

ZUBEREITUNG

1 Die Butter in einem kleinen Topf schmelzen und bräunen. Im Kühlschrank ganz auskühlen und erneut leicht festwerden lassen.

2 Den Puderzucker zusammen mit der Butter aufschlagen.

3 Anschließend die Mandeln, Mandelmehl, Vanilleessenz und 1 Prise Salz unterkneten.

4 Den Teig zur Rolle formen, in Frischhaltefolie wickeln und ca. 60 Minuten im Kühlschrank fest werden lassen.

5 Den Ofen auf 180 °C (Ober-/Unterhitze) vorheizen.

6 Die Rolle in etwa 1cm dicke Scheiben schneiden und diese auf mit Backpapier belegte Bleche legen und etwa 8 Minuten (auf mittlerer Schiene) backen.

7 Herausnehmen und auf einem Kuchengitter abkühlen lassen.

Tipp

Verfeinern Sie Ihre Taler, indem Sie sie zur Hälfte in geschmolzene Zartbitterschokolade tauchen.

Amaretti

Ob zum Kaffee am Nachmittag oder einfach mal zum zwischendurch Naschen: die kleinen Italienischen Klassiker gehen immer.

ZUTATEN

Für ca. 30 Stück

3 Eiweiß (Größe M)

250g gemahlene Mandeln

300g feinster Zucker

1TL Vanillezucker

30ml Mandellikör (z.B. Amaretto; wahlweise Apfelsaft)

50g Puderzucker

ZUBEREITUNG

1 Den Backofen auf 170 °C (Ober-/Unterhitze) vorheizen. Zwei Backbleche mit Backpapier auslegen.

2 Das Eiweiß mit dem Handrührgerät in einer Schüssel steif schlagen. Die Mandeln mit 250g Zucker und dem Vanillezucker mischen und mit einem Schneebesen unter den Eischnee rühren. Zuletzt den Mandellikör einrühren.

3 Puderzucker und restlichen Zucker in zwei separate Schüsselchen geben. Von der Eiweißmasse walnussgroße Stücke abnehmen und zu Kugeln rollen, diese erst im Zucker, dann im Puderzucker wälzen.

4 Die fertigen Kugeln mit 2cm Abstand auf die Backbleche legen und im vorgeheizten Backofen 15 Minuten (auf mittlerer Schiene) backen, dann auf einem Kuchengitter abkühlen lassen.

Schneewittchen-PLÄTZCHEN

Einfach märchenhaft: Gebäck, das an roten Samt unter einer weißen Schneedecke erinnert.

ZUTATEN

Für ca. 20 Stück

50g weiße Schokolade

80g weiche Butter

100g extrafeiner Zucker

1 Pck. Vanillezucker

2 Eier (Größe S)

5 Tropfen Bittermandelaroma

rote Speisefarbe

200g Weizenmehl (Type 405)

Salz

30g Kakaopulver

1TL Backpulver

Puderzucker zum Wälzen

ZUBEREITUNG

1 Die Schokolade grob hacken. Die Butter in Stückchen schneiden und mit den Schneebesen des Handrührgeräts oder der Küchenmaschine cremig-weiß rühren, dabei nach und nach den Zucker und Vanillezucker zugeben. Die Eier, das Bittermandelaroma und die Farbe nacheinander zugeben und jeweils gründlich unterrühren.

2 Das Mehl, 1 Prise Salz, das Kakaopulver und Backpulver mischen. Mit der gehackten Schokolade zur Eiermasse geben und zügig mit einem Löffel gründlich unterrühren. Den weichen Teig 3–4 Stunden kühlen.

3 Den Backofen auf 175 °C (Ober-/Unterhitze) vorheizen. Den Puderzucker in einen tiefen Teller geben. Von dem Teig mit einem Teelöffel jeweils kleine Stückchen abnehmen und mit den Händen zu etwas mehr als walnussgroßen Bällchen formen.

4 Die Kugeln gut in Puderzucker wälzen, bis sie mit einer dicken Schicht überzogen sind, dann ganz leicht flach drücken und mit Abstand zueinander auf mit Backpapier ausgelegte Bleche legen. Im heißen Ofen (auf mittlerer Schiene) 12–15 Minuten backen. Herausnehmen, erst auf dem Blech und anschließend auf dem Kuchengitter auskühlen lassen.

Merry Christmas

SCHOKO-Mandel-Kekse

Schokolade, Mandeln und als gewisse Portion Extra ein Hauch von Rum. Sie werden sehen, dass diese kleinen Stückchen in Zukunft immer einen Platz in Ihrer Keksdose finden werden.

ZUTATEN

Für ca. 45 Stück

70g Zartbitterschokolade (70% Kakaoanteil)

250g Weizenmehl (Type 405)

100g gemahlene Mandeln

2EL Kakaopulver

200g weiche Butter

100g Puderzucker

2EL Rum (oder Instant-Kaffee)

Puderzucker zum Wälzen

ZUBEREITUNG

1 Die Schokolade fein reiben oder im Blitzhacker mahlen und mit Mehl, Mandeln und Kakaopulver mischen. Die Butter in Stücke schneiden und mit den Schneebesen des Handrührgeräts oder der Küchenmaschine cremig-weiß rühren, dabei nach und nach den Puderzucker zugeben. Zuletzt Rum oder Kaffee zugeben und rühren, bis eine luftig-cremige Masse entstanden ist.

2 Die Mehlmischung zugeben und alles zügig mit einem Löffel zu einem weichen Teig zusammenfügen. Den Teig in Folie wickeln und 1 Stunde im Kühlschrank kühlen.

3 Den Backofen auf 175 °C (Ober-/Unterhitze) vorheizen. Von dem Teig jeweils kleine Stückchen mit einem Teelöffel abnehmen und zu etwas mehr als walnussgroßen Bällchen formen. Mit etwas Abstand zueinander auf ein mit Backpapier ausgelegtes Blech legen. Im heißen Ofen (auf mittlerer Schiene) 15–18 Minuten backen. Herausnehmen und leicht abkühlen lassen.

4 Puderzucker in ein Schälchen geben. Die Bällchen, noch leicht warm, darin wälzen, sodass der Puderzucker gut und reichlich daran haften bleibt. Auf einem Kuchengitter vollständig auskühlen lassen.

PEKANNUSS-
Pistazien-Happen

Knusper, knusper, knäuschen, wer knuspert da Ihre Keksdose leer?

ZUTATEN

Für ca. 40 Stück

50g gemahlene Mandeln

1EL Zucker

250g Weizenmehl (Type 405)

100g weiche Butter

1 Eigelb (Größe M)

3EL Rosinen

1 Beutel schwarzer Tee

50g Pekannusskerne

50g Pistazienkerne

ZUBEREITUNG

1 Mandeln, Zucker, Mehl, Butter in Flocken und Eigelb in eine Schüssel geben. Alles mit den Knethaken des Handrührgeräts verrühren und bei Bedarf mit 1–2EL kaltem Wasser zu einem glatten Teig verkneten.

2 Den Teig in Frischhaltefolie wickeln und im Kühlschrank etwa 30 Minuten ruhen lassen.

3 Den Backofen auf 180 °C (Ober-/Unterhitze) vorheizen. Zwei Backbleche mit Backpapier auslegen.

4 Die Rosinen in eine kleine Schüssel geben. Den schwarzen Tee mit 50ml heißem Wasser überbrühen und kurz ziehen lassen. Die Rosinen mit dem Tee angießen und 10 Minuten einweichen, bis sie die Flüssigkeit gut aufgenommen haben. Abgießen und abtropfen lassen.

5 Pekannüsse und Pistazienkerne grob zerkleinern und mit den Rosinen unter den Mürbeteig kneten.

6 Mit einem Esslöffel vom Mürbeteig walnussgroße Nocken abstechen.

7 Mit 5cm Abstand auf die Backbleche legen. 15 Minuten im vorgeheizten Backofen (auf mittlerer Schiene) backen, bis der Teig etwas fest wird. Auf einem Kuchengitter auskühlen lassen.

HASELNUSS-Granatapfel-Taler

Feinste Plätzchen, die auf der Zunge zergehen, gefüllt mit kleinen Fruchtbomben für den Überraschungseffekt.

ZUTATEN

Für ca. 36 Stück

280g Weizenmehl (Type 405)

80g Speisestärke

50g gemahlene Haselnüsse

250g weiche Butter

80g Puderzucker

Salz

1 Vanilleschote

1 Ei (Größe M)

1 Granatapfel

ZUBEREITUNG

1 Das Mehl mit der Speisestärke und den gemahlenen Haselnüssen in eine Schüssel geben und vermischen. Butter, Puderzucker, 1 Prise Salz und das ausgekratzte Vanilleschotenmark mit dem Schneebesen eines Handrührgeräts verrühren. Das Ei hinzugeben und unterrühren. Die Mehlmischung hinzufügen und das Ganze mit den Knethaken und anschließend mit den Händen zu einem glatten Teig verkneten. Etwa 3 Stunden mit Frischhaltefolie abgedeckt kalt stellen.

2 Den Granatapfel entkernen und die Kerne auf einem Küchentuch etwas trocken tupfen. Den Backofen auf 175 °C (Ober-/ Unterhitze) vorheizen.

3 Den Teig zu walnussgroßen Kugeln formen, je 6–8 Granatapfelkerne unter die Kugeln kneten, die Teigkugeln auf ein Backblech mit 2 Lagen Backpapier legen und etwas flach drücken. In jeden Keks 3–4 Granatapfelkerne drücken und etwa 20 Minuten backen.

Tipp

Zum sauberen Entkernen des Granatapfels diesen in eine Schüssel mit kaltem Wasser legen, darin zerbrechen und die Kerne herauslösen.

WÜRZIGE Zimtsterne

Zimtsterne gehören zur Adventszeit wie die Geschenke unter den Tannenbaum. Daher dürfen sie natürlich auch in Ihrer Plätzchendose nicht fehlen.

ZUTATEN

Für ca. 90 Stück

250g Puderzucker

3 Eiweiß (Größe M)

Salz

3TL gemahlener Zimt

350g gemahlene Mandeln

1TL Kirschwasser

Außerdem

Mehl zum Ausrollen

sternförmige Keksausstecher

Zahnstocher

ZUBEREITUNG

1 Puderzucker in eine kleine Schüssel sieben und beiseitestellen.

2 In einer mittleren Rührschüssel Eiweiß mit einer Prise Salz dickflüssig schlagen. Währenddessen den Puderzucker einrieseln lassen.

3 Von der Eischnee-Masse nun 6EL in eine kleine Schüssel geben und zum Glasieren aufheben.

4 Mandeln mit Zimt vermengen und mit dem Kirschwasser unter die größere Menge Eischnee-Masse heben.

5 Den entstandenen Teig in Frischhaltefolie einwickeln und etwa 1 Stunde oder über Nacht in den Kühlschrank stellen.

6 Ofen auf 145 °C (Ober-/Unterhitze) vorheizen. Den Teig anschließend auf einer bemehlten Arbeitsfläche ausrollen und Sterne mit dem Keksausstecher ausstechen. Die Sterne nun auf das mit Backpapier ausgelegte Backblech legen.

7 Einen Tropfen Eischnee-Masse als Glasur mit einem kleinen Löffelchen auf jeweils einen Stern geben und anschließend mit einem Zahnstocher über den ganzen Stern verteilen.

8 Die Sterne im Ofen für etwa 11–12 Minuten (auf mittlerer Schiene) backen. Darauf achten, dass die Eiweiß-Glasur nicht gelblich wird! Abkühlen lassen und servieren.

SCHOKO-CHILI-Kipferl

Nach einem langen Winterspaziergang heizen diese Plätzchen ordentlich ein – wer mag, erhöht die Chilimenge ...

ZUTATEN

Für ca. 50 Stück

50g Zartbitterschokolade (70% Kakaoanteil)

100g Pekannüsse

150g Weizenmehl (Type 405)

Salz

½TL gemahlener Zimt

2 Msp. Chilipulver

50g feiner Zucker

150g kalte Butter

1 Pck. Vanillezucker

4EL Puderzucker

2TL Kakaopulver

ZUBEREITUNG

1 Die Schokolade fein reiben oder im Blitzhacker fein mahlen. Pekannüsse ebenfalls fein mahlen. Beides mit Mehl, 1 Prise Salz, Zimt, Chilipulver und Zucker mischen und auf die Arbeitsfläche geben.

2 Butter in Flöckchen schneiden und auf der Mehlmischung verteilen. Alles mit einem großen Messer ineinanderhacken, dann zwischen den Händen zügig krümelig zerreiben und zuletzt locker zu einem Teig zusammenkneten. Teig halbieren und zu zwei Rollen formen (à Ø 3cm), diese in Folie wickeln und 1–2 Stunden im Kühlschrank kühlen.

3 Teigrollen in etwa 1cm dicke Scheiben schneiden. Die Scheiben zu kleinen etwa 6cm langen Würstchen mit spitzen Enden formen, zu Hörnchen biegen und auf mit Backpapier ausgelegte Bleche legen. Möglichst nochmals 30 Minuten kühl stellen.

4 Den Backofen auf 150 °C (Ober-/Unterhitze) vorheizen. Die Hörnchen im heißen Ofen (auf mittlerer Schiene) 18–20 Minuten backen. Herausnehmen und kurz abkühlen lassen.

5 Inzwischen Vanillezucker, Puderzucker und Kakaopulver in einem tiefen Teller gut mischen. Die noch warmen Hörnchen vorsichtig darin wenden und auf einem Kuchengitter vollständig auskühlen lassen.

DATTEL-NUSS-
Taler

Mit diesen Talern sorgen Sie für ein wenig orientalischen Flair in der kalten Jahreszeit.

ZUTATEN

Für ca. 35 Stück

120g getrocknete Datteln (ohne Stein)

100g Pekan- oder Walnusskerne

120g (Rum-)Rosinen

125g weiche Butter

200g Zucker

2 Eier (Größe L)

200g Weizenmehl (Type 405)

1TL Natron

¾TL gemahlener Zimt

1 ½TL Lebkuchengewürz

1EL Melasse

ZUBEREITUNG

1 Die Datteln von den Kernen befreien und grob hacken. Pekan- oder Walnüsse ebenfalls grob hacken. Die Rumrosinen leicht abtropfen lassen.

2 Den Backofen auf 175 °C (Ober-/Unterhitze) vorheizen. Butter mit den Schneebesen der Küchenmaschine oder des Handrührgeräts cremig-weiß rühren, dabei nach und nach den Zucker einrieseln lassen. Die Eier einzeln zugeben und jeweils gründlich unterrühren, bis eine cremig-dickliche Masse entstanden ist.

3 Inzwischen Mehl, Natron, Gewürze, Nüsse, Datteln und Rosinen mischen. Die Melasse unter die Eier-Butter-Masse rühren, dann die Mehlmischung mit einem Löffel ebenfalls zügig unterrühren.

4 Mit einem Esslöffel jeweils etwas Teig abnehmen, leicht rund formen und diese mit reichlich Abstand zueinander auf mit Backpapier ausgelegte Bleche legen. Im heißen Ofen (auf mittlerer Schiene) 10–12 Minuten backen. Die Cookies sollten außen fest, innen aber noch weich sein. Aus dem Ofen nehmen, leicht abkühlen lassen, dann auf Kuchengittern vollständig abkühlen lassen.

SCHACHBRETT-Plätzchen

Ein Spielenachmittag oder -abend im Winter kann so manchen Kälte-Blues gekonnt vertreiben. Die passenden Plätzchen sorgen für eine zusätzliche Portion Glückshormone.

ZUTATEN

Für ca. 50 Stück

200g eiskalte Butter

120g Zucker

2 Eigelb (Größe M)

350g Weizenmehl (Type 405)

30g Backkakao

ZUBEREITUNG

1 Die Butter in eine Schüssel reiben. Zucker, Eigelbe und Mehl zugeben, mit den Fingern zerreiben, dann zügig zu einem Teig kneten. Die Teigmasse halbieren, unter eine Hälfte den Kakao kneten. Die Teigstücke in Frischhaltefolie wickeln, 1 Stunde im Kühlschrank ruhen lassen.

2 Aus jedem Teigstück 9 gleich lange, fingerdicke Stränge rollen. Für die erste Reihe des ersten Quaders abwechselnd 1 dunklen, 1 hellen und 1 dunklen Teigstrang aneinanderlegen. Seitlich und oben andrücken. Darauf versetzt je 3 helle und 3 dunkle Stränge in zwei Reihen so anordnen, dass ein langer Quader mit Schachbrettmuster entsteht. Andrücken.

3 Die übrigen Stränge ebenso verarbeiten; mit 2 hellen und 1 dunklen beginnen. Beide Quader in Frischhaltefolie wickeln, 1 Stunde durchkühlen lassen.

4 Den Backofen auf 170 °C (Ober-/Unterhitze) vorheizen. Ein Backblech mit Backpapier auslegen. Den Quader in etwa 0,5cm dicke Scheiben schneiden und in 12 Minuten goldgelb backen.

Tipp

Einfacher sind Spiralkekse: Je 1 dunkles und 1 helles Teigstück länglich gleich groß ausrollen, aufeinanderlegen und von der langen Seite aufrollen. In Frischhaltefolie gewickelt 1 Stunde kalt stellen, in Scheiben schneiden und backen.

Vanillekipferl

Die kleinen Kringel kommen mit wenigen Zutaten aus, sind aber geschmacklich immer ein wahrer Hochgenuss!

ZUTATEN

Für ca. 30 Stück

210g kalte Butter

70g Zucker

100g gemahlene Mandeln

280g Weizenmehl (Type 405)

100g Vanillezucker

ZUBEREITUNG

1 Die Butter in Stückchen schneiden. Die Butterstückchen mit dem Zucker in einer Schüssel mit dem Handrührgerät schaumig schlagen. Die gemahlenen Mandeln und das Mehl mischen und unter die Butter-Zucker-Masse rühren. Den Teig in Frischhaltefolie wickeln und 1 Stunde kühl stellen.

2 Den Ofen auf 170 °C (Ober-/Unterhitze) vorheizen. Ein Backblech mit Backpapier auslegen. Den Teig zwischen Frischhaltefolie zu einer fingerdicken Rolle formen. Davon 30 walnussgroße Stücke abschneiden. Diese zu Kipferln formen und mit etwas Abstand auf das Backblech legen. Im Ofen in 15 Minuten (auf mittlerer Schiene) goldbraun backen. Den Vanillezucker auf eine Platte geben. Die warmen Kipferl darin wenden und auf einem Kuchengitter trocken und fest werden lassen.

LINZER Plätzchen

Diese herrlichen Klassiker werden auch „Linzer Augen" genannt und kommen, wie der Name schon sagt, aus Österreich. Sie können hierbei auch einmal mit der Wahl der Konfitüre variieren – wie wäre es z.B. mit Aprikose?

ZUTATEN

Für ca. 30 Stück

150g weiche Butter

50g Puderzucker

1 Ei (Größe M)

1TL Kirschwasser

150g Weizenmehl (Type 405)

150g gemahlene Haselnüsse

¼TL gemahlener Zimt

1Msp. gemahlene Nelken

½TL Kakaopulver

Puderzucker zum Bestäuben

150g Himbeerkonfitüre

ZUBEREITUNG

1 Die Butter in Stücke schneiden und mit den Schneebesen des Handrührgeräts oder der Küchenmaschine cremig-weiß rühren, dabei nach und nach den Puderzucker dazugeben. Das Ei und Kirschwasser zugeben. Alles zu einer cremigen Masse rühren.

2 Mehl, Haselnüsse, Gewürze und Kakaopulver mischen, zur Buttermasse geben und zügig mit den Händen zu einem glatten Teig verkneten. Teig in Folie wickeln und 1 Stunde im Kühlschrank ruhen lassen.

3 Den Backofen auf 175 °C (Ober-/Unterhitze) vorheizen. Den Teig auf einer leicht bemehlten Arbeitsfläche 3–4mm dick ausrollen und Kreise, Sterne oder Herzen ausstechen. Aus der Hälfte der Kreise in der Mitte kleine Herzen, Sterne oder Löcher ausstechen. Die Plätzchen auf ein mit Backpapier ausgelegtes Blech legen und im heißen Ofen 8–10 Minuten (auf mittlerer Schiene) backen. Herausnehmen, erst auf dem Blech, dann auf dem Kuchengitter auskühlen lassen.

4 Die Plätzchen mit den ausgestochenen Motiven mit Puderzucker überstäuben. Die anderen Plätzchen mit Himbeerkonfitüre bestreichen und jeweils ein überzuckertes Plätzchen mit „Fenster" auflegen und leicht festdrücken.

SAFTIGE Schokoladenkekse

Saftige Schokoladen-Cookies, die komplett auf Butter verzichten können, verzaubern euch diese Weihnachten.

ZUTATEN

Für ca. 40 Stück

250g Dinkelvollkornmehl

2½TL Backpulver

Salz

200g Apfelmus (siehe Tipp)

100g Vollrohrzucker

60g Backkakao

80g Kokosöl

2EL Kakao-Nibs

50g Vollrohrzucker

50g Puderzucker

ZUBEREITUNG

1 Das Mehl mit dem Backpulver und 1 Prise Salz vermischen und beiseitestellen. Das Apfelmus in einer Schüssel mit dem Vollrohrzucker und dem Kakao verrühren, das Kokosöl dazugeben und Kakao-Nibs unterheben. Dann mit dem Mehl zu einem glatten Teig verarbeiten. In Frischhaltefolie gewickelt, mindestens 4 Stunden kalt stellen.

2 Den Ofen auf 180 °C (Ober-/Unterhitze) vorheizen. Die jeweils 50g Vollrohrzucker und Puderzucker in zwei separate Schalen füllen. Den Teig aus dem Kühlschrank holen und aus ihm walnussgroße Kugeln formen. Diese erst in dem Vollrohrzucker, dann im Puderzucker wälzen. Auf ein mit Backpapier belegtes Backblech legen und etwa 10 Minuten (auf mittlerer Schiene) backen. Die Kekse sollten innen schön saftig sein.

Tipp

Für selbstgemachtes Apfelmus 1kg säuerliche Äpfel (z.B. Braeburn) schälen, entkernen und in Achtel schneiden. In einem Topf mit 1EL Vollrohrzucker für 2 Minuten karamellisieren, dann mit 125ml Apfelsaft oder Wasser aufgießen und bei mittlerer Hitze etwa 10 Minuten weich kochen. Vom Herd nehmen, zerstampfen und schließlich mit ein wenig Zitronensaft und gemahlenem Zimt abschmecken.

Mostaccioli

Diese Stückchen bringen eine alte weihnachtliche Backtradition aus Neapel mit sich. Achten Sie beim Backen darauf, dass sie nicht zu hart werden.

ZUTATEN

Für ca. 30 Stück

500g Weizenmehl (Type 405)

300g Zucker

150g gemahlene Mandeln

30g Backkakao

abgeriebene Schale von 1 Bio-Orange

2 Msp. gemahlener Muskat

250ml lauwarmes Wasser

250g Zartbitterschokolade (70% Kakaogehalt)

Außerdem

1 rautenförmiger Ausstecher (nach Belieben)

ZUBEREITUNG

1 Mehl, Zucker, Mandeln, Backkakao, Orangenschale und Muskat in eine Schüssel geben und vermengen. Das lauwarme Wasser hinzugeben und alles mit den Händen zu einem glatten Teig kneten. Am Anfang erscheint er ggf. etwas bröckelig, das gibt sich aber durch das Kneten. Den Teig nun mit Folie abdecken und 2 Stunden kalt stellen.

2 Den Backofen auf 200 °C (Ober-/Unterhitze) vorheizen. Den Teig aus dem Kühlschrank nehmen und dritteln. Zwei Drittel des Teigs wieder in den Kühlschrank stellen, das übrige Drittel auf eine Lage Backpapier geben und mit einer weiteren Lage abdecken. Den Teig mithilfe eines Nudelholzes zwischen den Backpapierlagen etwa 1cm dick ausrollen, die obere Lage Backpapier abziehen und mithilfe eines rautenförmigen Ausstechers 10 Rauten ausstechen. Andernfalls einfach mit einem Messer ausschneiden.

3 Ein Backblech mit Backpapier auslegen, die Teigrauten auf das Blech legen und alles im heißen Ofen (auf mittlerer Schiene) 15 Minuten lang backen. Die Kekse erscheinen zunächst noch etwas weich, härten dann aber nach. Nach dem Backvorgang vollständig auskühlen lassen. Mit dem restlichen Teig ebenso verfahren.

4 Die Schokolade grob hacken und über dem Wasserbad oder in der Mikrowelle schmelzen lassen. Die Oberseite der Kekse mit Schokolade bedecken, anschließend kühl stellen oder bei Zimmertemperatur fest werden lassen.

for the executioner
But it was worse than
Matt wasn't being sacked. Oh no. Matt was being pro-
monster,

TONKA-Schoko-Keksrolle

Die Tonkabohne stammt aus Südamerika und verleiht diesen Talern ein herrliches Aroma. Dieses ist sehr intensiv, daher gilt generell beim Einsatz des Exoten: weniger ist mehr.

ZUTATEN

Für ca. 24 Stück

60g Puderzucker

100g weiche Butter

1 Ei (Größe M)

½ Tonkabohne

125g Mandelmehl

40g Kakao-Nibs

ZUBEREITUNG

1 Den Puderzucker mit der Butter cremig schlagen. Das Ei untermischen. Die Tonkabohne fein reiben und unterziehen.

2 Nun das Mehl portionsweise unterkneten, den Teig zu einer Rolle (Ø 3cm) formen und für 60 Minuten kühlen.

3 Die Kakao-Nibs auf der Arbeitsfläche verteilen und die Teigrolle darin wenden. Die Kakao-Nibs anschließend festdrücken.

4 Den Ofen auf 170 °C (Ober-/Unterhitze) vorheizen. Teigrolle in etwa 1cm dicke Scheiben schneiden und auf ein mit Backpapier belegtes Blech legen.

5 Für 10–14 Minuten (auf mittlerer Schiene) backen, auf einem Gitter abkühlen lassen.

Himbeerschlitten

Herrlich fruchtig und durch zwei Mehlsorten mit weniger Kohlenhydraten – so macht die Schlemmerei zur Weihnachtszeit Freude!

ZUTATEN

Für ca. 30 Stück

50g Puderzucker

60g Mandelmehl

40g gemahlene Haselnusskerne

30g Sojamehl

40g Proteinpulver

Salz

170g Butter, zimmerwarm

1 Ei (Größe M)

5EL Himbeerkonfitüre

ZUBEREITUNG

1 Den Puderzucker zusammen mit Mandelmehl, Haselnusskernen, Sojamehl, Proteinpulver und 1 Prise Salz mischen. Die Butter in Stückchen und Ei unterkneten.

2 Den Teig in Folie gewickelt 60 Minuten kühlen.

3 Den Teig halbieren und jeweils zu einem länglichen Rechteck (etwa 10cm breit) ausrollen und den mittleren Teil mit der Himbeerkonfitüre bestreichen. Die Seiten vorsichtig einklappen, wobei das mittlere Drittel nicht vom Teig überdeckt werden sollte.

4 Den Ofen auf 190 °C (Ober-/Unterhitze) vorheizen und die Streifen etwa 10 Minuten (auf mittlerer Schiene) backen. Etwas abkühlen lassen, doch noch warm in Streifen schneiden. Auf Wunsch mit Puderzucker bestäuben.

Vanille-Mandel-Häppchen

Diese kleinen Happen können so klein portioniert werden, dass sie ganz oft ganz unbemerkt im Mund verschwinden können.

ZUTATEN

Für ca. 80 Stück

1 Vanilleschote

200g Butter

120g Mandelmehl

20g Proteinpulver

150g Weizenmehl (Type 405)

80g Zucker

Salz

50g Puderzucker

ZUBEREITUNG

1 Die Vanilleschote längs aufschlitzen und vorsichtig das Mark ausschaben. Die Hälfte Vanillemark mit Butter, Mandelmehl, Proteinpulver, Weizenmehl, Zucker und 1 Prise Salz verkneten. Anschließend den Teig abgedeckt 15 Minuten kühlen.

2 Den Ofen auf 190 °C (Ober-/Unterhitze) vorheizen.

3 Den Teig portionsweise zu einer fingerdicken Wurst ausrollen und in kleine Stücke schneiden. Auf ein mit Backpapier belegtes Blech legen und 10–12 Minuten backen.

4 Die kleinen Häppchen noch warm im Puderzucker wälzen.

Tipp

Beim Teig für die Häppchen können Sie mit weiteren verschiedenen Gewürzen, wie 1 Prise Zimt, experimentieren.

MARSHMALLOW-
Schoko-Taler

Plätzchen mit Marshmallows? Klingt vielleicht ein wenig ungewöhnlich, aber Sie werden sie definitiv in Ihr Back-Repertoire aufnehmen.

ZUTATEN

Für ca. 30 Stück

220g Zartbitterschokolade (70% Kakaogehalt)

150g Butter

120g Weizenmehl (Type 405)

1TL Backpulver

2EL Kakaopulver

Salz

2 Eier (Größe M)

200g Zucker

7–8 dünne Zartbitterschokoladetäfelchen (à ca. 8g)

30 große Marshmallows

Nach Belieben

80g Schokoladenkuvertüre

2TL kleine bunte Liebesperlen

ZUBEREITUNG

1 Die Schokolade in Stücke brechen, die Butter in Stücke schneiden und in eine Schüssel geben. Über dem heißen Wasserbad schmelzen lassen.

2 Inzwischen Mehl, Backpulver, Kakaopulver und 1 Prise Salz mischen. Eier und Zucker mit den Schneebesen des Handrührgeräts oder der Küchenmaschine schaumig-weiß rühren. Die geschmolzene Schoko-Butter-Masse zugeben und unterrühren. Dann die Mehlmischung zugeben und mit einem Löffel zügig unterrühren. Den weichen Teig mindestens 2 Stunden (oder über Nacht) kühlen, bis er fest ist.

3 Mit einem Esslöffel Teig abstechen und zu einer Kugel formen, auf ein mit Backpapier ausgelegtes Blech setzen und die Kugeln etwa 2cm hoch platt und rund drücken.

4 Den Backofen auf 160 °C (Ober-/Unterhitze) vorheizen. Die Schokotäfelchen vierteln. Die Plätzchen im heißen Ofen (auf mittlerer Schiene) 10–12 Minuten backen, bis sie an den Rändern leicht fest sind und innen gerade beginnen, fest zu werden.

5 Herausnehmen und zügig je ein Viertel Schokotäfelchen leicht in die Mitte der Plätzchen drücken, darauf ein Marshmallow geben. Sofort in den heißen Ofen zurückschieben und in weiteren 4–5 Minuten fertig backen – die Marshmallows sollten sich „aufplustern", aber kaum bräunen. Herausnehmen und auf dem Blech abkühlen lassen.

6 Wer will, schmilzt die Kuvertüre und gibt jeweils etwas davon auf die Marshmallows, sodass die Glasur leicht über die Marshmallows und Plätzchen läuft. Die noch feuchte Glasur mit Liebesperlen bestreuen.

Bärentatzen

So klein, so simpel, so lecker. Kaum haben Sie sich umgeschaut, sind die kleinen Tatzen auch schon schneller verputzt, als Ihnen vielleicht lieb ist.

ZUTATEN

Für ca. 50 Stück

250g weiche Butter

150g Zucker

4 Eier (Größe M)

300g Weizenmehl (Type 405)

1 Pck. Backpulver

50ml Milch

200g Zartbitterschokolade (70% Kakaogehalt)

ZUBEREITUNG

1 Die Butter und den Zucker in eine Schüssel geben und mit den Quirlen des Handrührgeräts schaumig schlagen. Die Eier einzeln dazugeben und jeweils 1 Minute unterrühren. Die Masse nach dem letzten Ei so lange weiterschlagen, bis sie aufhellt und das Volumen zunimmt.

2 Das Mehl mit dem Backpulver mischen und unter die Eiermasse rühren. Die Milch dazugießen und unter den Teig rühren.

3 Für die Tatzen den Backofen auf 200 °C (Ober-/Unterhitze) vorheizen. Zwei Backbleche mit Backpapier auslegen. Den Rührteig in einen Spritzbeutel mit mittelgroßer Tülle füllen und Streifen von 4cm Länge auf die Backbleche aufspritzen.

4 Die Kekse im vorgeheizten Backofen (auf mittlerer Schiene) in 10 Minuten hellgelb backen, auf einem Kuchengitter etwas abkühlen lassen.

5 Inzwischen die Schokolade grob zerkleinern und über einem heißen Wasserbad schmelzen. Die Enden der Kekse in die flüssige Schokolade tauchen. Auf einem Kuchengitter abtropfen und fest werden lassen.

Tipp

Der Grundteig kann nach Geschmack mit Vanillearoma oder auch mit der Schale von Bio-Orangen oder -Zitronen aromatisiert werden.

KÖNIGLICHE

Mandelplätzchen

Angeblich entstand das Mandelgebäck im Kloster der Kirche Santa Maria dell'Ammiraglio in Palermo und schmeckte so himmlisch, dass man ihm den Beinamen „reale" (königlich oder eines Königs würdig) gab.

ZUTATEN

Für ca. 45 Stück

2 Eiweiß (Größe M)

250g fein gemahlene Mandeln

160g Puderzucker

2TL Orangenblütenhonig

20g Orangeat (nach Belieben)

Außerdem

Puderzucker zum Verzieren

ganze Mandeln für die Dekoration

ZUBEREITUNG

1 Eiweiß mithilfe des Handrührgeräts in einer Schüssel kurz schaumig schlagen. Es sollte auf keinen Fall stehen, da dann zu wenig Flüssigkeit verbleibt. Mandeln, Puderzucker und Honig hinzugeben. Das Orangeat sehr fein hacken und ebenfalls hinzugeben. Alles gründlich mithilfe eines Löffels miteinander vermengen und anschließend zu einer Kugel formen. Die Schüssel mit Folie abdecken und für min. 8 Stunden in den Kühlschrank stellen.

2 Ein Backblech mit Backpapier auslegen. Den Backofen auf 190 °C (Ober-/Unterhitze) vorheizen.

3 Vom Teig mit der Hand kleine Teigportionen lösen und daraus Kügelchen von 2cm Höhe und 2cm Durchmesser formen und etwas platt drücken. Anschließend rundherum in Puderzucker wälzen, sodass sie dick damit bedeckt sind. In die Mitte der Kügelchen eine ganze Mandel drücken. Die Teigkügelchen mit 2cm Abstand zueinander auf das Blech setzen, da sie noch ein wenig auseinanderlaufen.

4 Die Kekse für 10–15 Minuten im heißen Ofen (auf mittlerer Schiene) backen, anschließend herausnehmen und abkühlen lassen. Wenn sie aus dem Ofen kommen, sind sie anfangs noch etwas weich, härten aber schnell nach. Insgesamt sollten sie innen noch etwas feucht sein und auch so bleiben, sonst werden sie zu trocken.

Weihnachtliches (Klein-)Gebäck

APRIKOSEN-Orangen-Pralinen

Klein, fein und super-fix gemacht. Diese Mini-Pralinen sind ein wunderbar weihnachtlicher Snack, der bei Groß und Klein beliebt ist.

ZUTATEN

Für 12 Pralinen

70g Kokoschips

90g getrocknete Aprikosen

Schale von 1 Bio-Orange

80ml Orangensaft

30g Sonnenblumenkerne

10g geschrotete Leinsamen

1 Prise Salz

½TL gemahlener Zimt

25g ganze Mandeln

2TL Mandelmus

1EL Honig

ZUBEREITUNG

1 Alle Zutaten in einen Mixer geben und zu einer geschmeidigen Masse verarbeiten.

2 Den Teig mit den Händen zu 12 walnussgroßen Bällchen formen und im Kühlschrank mindestens 1 Stunde kalt stellen.

Tipp

Die Aprikosen-Orangen-Pralinen sind ganz schnell gezaubert und halten sich im Kühlschrank bis zu 3 Tage frisch.

NUSSIGE Lebkuchenschnitten

Nussknacker aufgepasst, denn hier gibt es leckeres Futter: Gebrannte Mandeln und Pekannüsse geben sich hier ein aufregendes Stelldichein.

ZUTATEN

Für ca. 16–25 Stück

Für den Teig

200g kalte Butter

150g Weizenmehl (Type 405)

150g Weizenvollkorn-mehl

50g Zucker

Salz

Für den Belag

100 gebrannte Mandeln (Fertigprodukt)

60g Melasse

80g goldener Zuckersirup (oder Blüten-Honig)

2EL Rum

50g Butter

2 Eier (Größe M)

2TL Lebkuchengewürz

Salz

200g Pekannüsse

Außerdem

quadratische Springform oder Auflaufform (22 x 22cm)

ZUBEREITUNG

1 Die Butter in Stückchen schneiden und mit den beiden Mehlsorten, Zucker, und ½TL Salz in einer Rührschüssel mischen. Mit den Knethaken des Handrührgeräts oder der Küchenmaschine so lange rühren, bis feuchte Krümel entstanden sind, die leicht an nassen Sand erinnern. Anschließend die Krümel mit den Händen rasch zu einem glatten Teig kneten.

2 Den Ofen auf 175 °C (Ober-/Unterhitze) vorheizen. Den Teig in eine mit Backpapier ausgelegte (Spring-)Form geben und mit den Händen flach und gleichmäßig auf dem Boden der Form festdrücken. Im heißen Ofen (auf mittlerer Schiene) etwa 20 Minuten goldbraun backen, herausnehmen und leicht abkühlen lassen.

3 Inzwischen die Mandeln grob hacken. In einem Topf die Melasse, den Zuckersirup oder Honig, Rum, die gestückelte Butter, Eier, das Lebkuchengewürz und ½TL Salz langsam erhitzen, dabei mit einem Schneebesen gründlich rühren, bis die Butter geschmolzen ist. Nun bei niedriger bis mittlerer Hitze leicht unter Rühren kochen, bis die Masse cremig einzudicken beginnt. Dann die Mandeln unterrühren.

4 Die Gewürz-Mandel-Masse auf den Teigboden gießen und gleichmäßig verteilen. Die Pekannüsse nun obenauf streuen und eventuell leicht in die Masse eindrücken. Im heißen Ofen (auf mittlerer Schiene) weitere 30 Minuten backen, bis die Masse fest ist.

5 Herausnehmen und auf einem Kuchengitter auskühlen lassen, dann den Kuchen ringsum am Rand mit einem Messer lösen und aus der Form nehmen. In 16 große oder 25 kleine Stücke schneiden.

SCHOKOLADIGE Tannenzapfen

Als wären sie mit weißem Pulverschnee bedeckt, glitzern die kleinen schokoladigen Tannenzapfen vor sich hin. Bestäubt mit Puderzucker sehen sie täuschend echt aus. Fast zu schade zum Naschen.

ZUTATEN

Für ca. 7 Stück

Schoko-Cornflakes

120g feine Erdnussbutter

60g Nugatcreme

45g Butter

140g Puderzucker

7 dicke, kurze Salzstangen (alternativ 14 dünne)

ZUBEREITUNG

1 Die Schoko-Cornflakes aussortieren und nur einzelne, eher flache Flakes verwenden.

2 Erdnussbutter, Nugatcreme, Butter und Puderzucker in einer Rührschüssel mit einem Rührgerät zu einer Paste vermengen. Mindestens 30 Minuten im Kühlschrank ruhen lassen.

3 Anschließend mit einem Esslöffel etwas von der Schokopaste abtrennen und einen Kegel um je 1 Salzstange (oder 2 dünne) formen. Alle Kegel auf einen mit Backpapier ausgelegten Teller stellen und erneut 30 Minuten im Kühlschrank ruhen lassen.

4 Jeweils 1 Kegel aus dem Kühlschrank nehmen und von unten nach oben die Cornflakes daran befestigen. Oben mit eher gebogenen Cornflakes die Spitze formen. Den fertigen Tannenzapfen bis zum Servieren kühlen. Den Vorgang mit den restlichen Tannenzapfen wiederholen.

5 Kurz vor dem Servieren mit Puderzucker bestäuben.

KNUSPRIGE

Granatsplitter

Ein köstlicher Klassiker, der knusprig-kernig und zugleich zart-schmelzend auf der Zunge zergeht. Ein absolutes Muss für echte Schokoladen-Fans.

ZUTATEN

Für 20 Stück

Für den Mürbeteig

100g Weizenmehl (Type 405)

40g Butter

30g Zucker

¾TL Backpulver

1 Vanilleschote

3–4 Tropfen Rumaroma

2EL Milch

Für die Buttercreme

100g Zartbitterschokolade (70% Kakaogehalt)

1 Pck. Schokoladenpuddingpulver

500ml Milch

40g Zucker

200g weiche Butter

2EL Rum

2EL Backkakao

150g Kuchenreste (z.B. Biskuit), zerbröselt

100g gehackte Mandeln, geröstet

500g Schokoladenkuvertüre

ZUBEREITUNG

1 Ein Backblech mit Backpapier auslegen. Dann den Backofen auf 180 °C (Ober-/Unterhitze) vorheizen. Das Mark der Vanilleschote herauskratzen und für den Mürbeteig mit allen Zutaten in eine Schüssel geben und erst mit den Knethaken des Handrührgeräts, dann mit den Händen zu einem geschmeidigen Mürbeteig verkneten. Den Teig auf der bemehlten Arbeitsfläche dünn ausrollen. Kreise ausstechen und auf dem Backblech verteilen. Im vorgeheizten Backofen etwa 12 Minuten backen. Herausnehmen und auskühlen lassen.

2 Inzwischen für die Buttercreme den Schokoladenpudding zubereiten: Die Zartbitterschokolade über einem heißen Wasserbad schmelzen. Das Puddingpulver mit 8EL Milch und dem Zucker glattrühren. Die restliche Milch zum Kochen bringen und den Pudding nach Packungsanweisung zubereiten. Die geschmolzene Schokolade unterrühren. Den Pudding in eine Schüssel geben und die Oberfläche mit Frischhaltefolie bedecken. Abkühlen lassen.

3 Butter schaumig schlagen. Sobald der Pudding dieselbe Temperatur wie die Butter hat, löffelweise den Pudding zur Butter geben und gut einarbeiten. Rum und Kakao unterrühren. Die Kuchenreste mit 80g Mandeln unter die Creme heben. Etwa 30 Minuten kühl stellen.

4 Buttercreme in einen Spritzbeutel mit etwas größerer Lochtülle geben und auf jeden Mürbeteigboden spitz zulaufend Creme spritzen. Erneut etwa 30 Minuten kühl stellen.

5 Inzwischen die Kuvertüre über einem heißen Wasserbad oder der Mikrowelle schmelzen. Eine kleine Schüssel bereitstellen. Jeweils einen Granatsplitter auf eine Gabel setzen und über der Schüssel mit der Kuvertüre übergießen. Auf ein Kuchengitter oder auf Backpapier setzen, mit den restlichen Mandeln verzieren und trocknen lassen. Kühl lagern.

Torrone

Das weiße Nugat wurde schon zur Zeit der Römer zubereitet und verdankt seinen Namen auch der Zubereitungsart.

ZUTATEN

Für 1 Lage (15 x 30cm)

120g geschälte Haselnusskerne

120g geschälte ganze Mandeln

195g Zucker

60ml Wasser

110g Honig

1 Eiweiß (Größe L)

Salz

2 große Lagen Backoblaten (alternativ Reispapier)

ZUBEREITUNG

1 Den Backofen auf 200 °C (Ober-/Unterhitze) vorheizen. Die Nüsse auf ein mit Backpapier ausgelegtes Backblech geben. Das Blech in den Ofen schieben und die Nüsse 10–15 Minuten rösten, bis sie anfangen zu schwitzen. Das Blech aus dem Ofen nehmen.

2 180g Zucker und Wasser in einen Topf geben und erhitzen. Honig in einen zweiten Topf geben und ebenfalls erhitzen. Beides zum Schmelzen bringen, bis es leicht köchelt. Der Honig wirft dabei Blasen. Das Gleiche gilt für den Zucker, bei dem die Blasen etwas kleiner ausfallen.

3 Der Zucker soll geschmolzen und flüssig sein, aber auf keinen Fall karamellisieren!

4 Während Zucker und Honig schmelzen, das Eiweiß mit 1 Prise Salz in eine Schüssel geben und mit dem Handrührgerät so lange steif schlagen, bis beim Umdrehen des Rührgerätes kleine Eischneespitzen stehen bleiben. 15g Zucker einrieseln lassen und ein wenig weiter schlagen.

5 Die Herdplatte ausschalten. Den Honig 1 Minute abkühlen lassen und nun in einem dünnen Strahl in den Eischnee laufen lassen. Dabei mithilfe des Handrührgerätes auf niedriger Stufe den Honig unterrühren. Nun den flüssigen Zuckersirup ebenfalls in einem dünnen Strahl in die Masse hineinlaufen lassen und dabei für weitere 5 Minuten mit dem Handrührgerät schlagen. Die Masse ist dann zwar fest, aber auch sehr klebrig und zähflüssig.

6 Die Nüsse noch warm in die Masse geben und mit einem großen Löffel gut unterrühren. Nun in einer Auflaufform eine Lage Backoblaten auslegen und die Masse darauf verteilen.

7 Anschließend mit der zweiten Lage abdecken und diese etwas festdrücken. Die Auflaufform in den Kühlschrank stellen und den Torrone für 2–3 Stunden fest werden lassen. Nun nach Belieben in Streifen oder Stücke schneiden.

Himbeerpralinen

Leuchtend und glänzend rot strahlen die kleinen Himbeerpralinen wie kostbarer Christbaumschmuck auf dem Servierteller. Ein Schmaus für Augen und Geschmack.

ZUTATEN

Für 16 Pralinen

2EL Kokosöl

200g gemahlene Mandeln

1TL Backkakao

4TL Zucker

½TL gemahlener Zimt

4EL Mandelmus

gefriergetrocknete Himbeeren (Pulver)

ZUBEREITUNG

1 Zunächst das Kokosöl schmelzen. Mit Mandeln, Backkakao, Zucker, Zimt und Mandelmus verkneten.

2 Die Masse zu walnussgroßen Kugeln formen und Im Kühlschrank aufbewahren.

3 Vor dem Servieren in gefriergetrockneten Himbeerpulver wälzen.

Tipp

Sie können die Masse für die Pralinen nach Belieben auch mit gehackten Cranberrys verfeinern.

KLEINE Zimthörnchen

Diese süßen Zimthörnchen sind zum Weihnachts-Kaffeeklatsch der Renner. Sie sind so klein, dass man garantiert nicht nur eines davon isst.

ZUTATEN

Für ca. 32 Stück

Für den Teig

200g weiche Butter

200g Doppelrahm-frischkäse

Salz

1 Eigelb (Größe M)

250g Weizenmehl (Type 405)

Für die Füllung

100g getrocknete Soft-Aprikosen

2EL Orangenlikör (nach Belieben)

150g Walnusskerne

120g Zartbitterschokolade (70% Kakaogehalt)

50g Orangenkonfitüre

½TL gemahlener Zimt

1EL Rohrohrzucker

Außerdem

1 Eigelb (Größe M)

2–3EL Rohrohrzucker

ZUBEREITUNG

1 Für den Teig die Butter klein schneiden und mit Frischkäse, ¼TL Salz und dem Eigelb und Mehl in die Rührschüssel geben. Mit den Knethaken des Handrührgeräts oder der Küchenmaschine zu einem glatten Teig verarbeiten. In Folie wickeln und 4 Stunden im Kühlschrank kühlen.

2 Inzwischen für die Füllung Aprikosen in feine Würfel schneiden, nach Wunsch Orangenlikör hinzufügen und noch etwas ziehen lassen. Walnüsse und Schokolade klein hacken. Alles mit Orangenkonfitüre, Zimt und Zucker mischen.

3 Den Teig halbieren. Die Hälften nacheinander auf einer bemehlten Arbeitsfläche 3–4mm dünn zu einem Kreis ausrollen. Jeweils die Hälfte der Füllung bis zum Rand darauf verteilen, dabei darauf achten, dass in der Mitte des Kreises nicht zu viel Füllung landet. Die Teigkreise gleichmäßig so diagonal durchschneiden, dass jeweils 16 gleich große (Torten-)Stücke entstehen. Diese Dreiecksstücke nun von außen nach innen fest aufrollen und leicht andrücken.

4 Die Röllchen nun mit dem offenen Zipfel nach unten mit Abstand zueinander auf mit Backpapier ausgelegte Bleche legen und nochmals 30 Minuten im Kühlen ruhen lassen.

5 Den Backofen auf 175 °C (Ober-/Unterhitze) vorheizen. Das Eigelb mit 1EL Wasser verquirlen, die Röllchen damit bestreichen und sofort mit Zucker bestreuen. Dann im heißen Ofen (auf mittlerer Schiene) 20–25 Minuten goldbraun und knusprig backen. Herausnehmen, erst auf dem Blech abkühlen, dann auf einem Backgitter vollständig auskühlen lassen.

WEIHNACHTS-Whoopies

Diese Whoopies sind zwar klein, aber dafür ganz schön pfiffig!

ZUTATEN

Für 20 Stück

Für den Teig

220g Weizenmehl (Type 405)

90g Backkakao

½EL Natron

½TL Backpulver

110g Butter

220g Zucker

1 Ei (Größe M)

120g saure Sahne

120ml Milch

Für die Creme

180g Zucker

2 Eiweiß (Größe M)

180g weiche Butter

1TL Minzextrakt

Außerdem

4–5 Pfefferminz-Zuckerstangen

ZUBEREITUNG

1 Den Backofen auf 200 °C (Ober-/Unterhitze) vorheizen. Ein Backblech mit Backpapier auslegen.

2 Das Mehl mit Kakao, Natron und Backpulver vermengen.

3 Die Butter mit dem Zucker cremig schlagen, bis die Masse hell wird. Das Ei unterrühren.

4 Die saure Sahne mit der Milch verrühren und während des Rührvorgangs abwechselnd mit dem Mehl zum Teig geben und gut vermengen.

5 Den Teig in einen Spritzbeutel mit runder Lochtülle füllen und auf das Backpapier gleich große Kreise spritzen (pro Blech etwa 20 Stück).

6 Die Whoopie Pies für 12 Minuten backen. Abkühlen lassen.

7 Für die Creme den Zucker mit 30ml Wasser in einem Topf erhitzen, bis der Zucker geschmolzen ist.

8 Mit einem Rührgerät das Eiweiß steif schlagen und während des Rührvorgangs den heißen Zuckersirup hineingießen. Weiterschlagen und die Butter hinzugeben. Minzextrakt dazugeben und die Creme locker schlagen. In einen Spritzbeutel mit Lochtülle füllen.

9 Jeweils auf 20 Kuchenkreise die Creme auftragen und mit einem weiteren Kuchenkreis bedecken, sodass Sandwiches entstehen. Für die Dekoration die Zuckerstangen klein hacken und die Creme zwischen den Kuchenhälften an den Rändern dekorieren.

Toffee-Quader

Knusperkeks mit süß-klebriger Karamellfüllung, üppig mit Nuss und Schokolade. Widerstand ist zwecklos und das Leben zu kurz, um vernünftig zu sein.

ZUTATEN

Für ca. 25 Stück

Für den Teig

100g Butter

150g Weizenmehl (Type 405)

Salz

50g Rohrohrzucker

Für die Toffeecreme

90g Zucker

60g Butter

400g gesüßte Kondensmilch (z.B. Milchmädchen)

180g gesalzene, geröstete Macadamianüsse

Außerdem

150g Schokoladenkuvertüre

ZUBEREITUNG

1 Für den Teig die Butter in einem Topf bei niedriger Hitze schmelzen lassen. Das Mehl mit 1 Prise Salz und dem Zucker mischen. Die Butter zugeben und alles mit den Knethaken des Handrührgeräts zu einem Teig verkneten. Eine quadratische Springform (20 x 20cm) mit Backpapier auslegen. Den bröseligen Teig hineingeben und mit leicht bemehlten Händen darin fest und glatt drücken, dann mit einer Gabel mehrmals einstechen. 30 Minuten im Kühlschrank kühlen.

2 Den Backofen auf 180 °C (Ober-/Unterhitze) vorheizen. Die Springform hineinstellen (auf mittlerer Schiene) und den Teigboden 18–20 Minuten goldbraun backen. Herausnehmen und auf einem Kuchengitter abkühlen lassen.

3 Für die Toffeecreme Zucker mit 100ml Wasser in einen Topf geben und unter Rühren bei starker Hitze etwa 5 Minuten kochen lassen, bis sich der Zucker aufgelöst hat. Butter und Kondensmilch zum Zuckersirup geben und 8–10 Minuten unter ständigem Rühren kochen, bis eine goldbraune, dickliche Masse entstanden ist. Etwas davon auf einen Teller tropfen und kurz in den Kühlschrank stellen. Die Masse im Kühlschrank sollte nun cremig-fest sein, ansonsten die Toffeecreme noch 1–3 Minuten weiterkochen.

4 Die Macadamianüsse grob hacken. Die Hälfte unter die dickzähe warme Masse rühren und auf dem ausgekühlten Teigboden verstreichen. Die restlichen Nüsse obenauf streuen und leicht eindrücken. Vollständig auskühlen lassen und (über Nacht) an einem kühlen Ort fest werden lassen.

5 Den Kuchenguss nach Packungsanweisung schmelzen und in Streifen über die Nuss-Toffee-Masse träufeln. Fest werden lassen, dann den Kuchen aus der Form heben und mit einem scharfen Messer in etwa 4 x 4cm große Stücke schneiden.

ZUCKERSTANGEN-
Minz-Bruchschokolade

Diese leckere, mit Pfefferminz-Zuckerstangen verfeinerte Schokolade ist schnell gemacht und schmeckt fantastisch – zum selbst Vernaschen oder Verschenken!

ZUTATEN

Für 200g Schokolade

4 Pfefferminz-Zuckerstangen

200g Zartbitterschokolade (70% Kakaogehalt)

½TL Minzextrakt

Außerdem

1 Auflaufform

ZUBEREITUNG

1 Eine Auflaufform mit Backpapier auslegen. Die Pfefferminzstangen klein hacken.

2 Die Schokolade in einem Wasserbad schmelzen und Minzextrakt unterrühren. Damit die Schokolade keine Schlieren bekommt, nur zwei Drittel der Schokolade schmelzen und auf eine maximale Temperatur von 50 °C erhitzen. Vom Herd nehmen und das übrige Drittel unterrühren, bis es ebenfalls geschmolzen ist und die Schokolade auf 28 °C abgekühlt ist. Zum Schluss kurz auf 33 °C erhitzen und direkt weiterverarbeiten. Durch diesen Temperiervorgang lassen sich die unschönen Schlieren vermeiden.

3 Die geschmolzene Schokolade in die Auflaufform geben und verstreichen, sodass etwa die Hälfte der Form ausgefüllt ist.

4 Die gehackten Pfefferminzstangen über die Schokolade streuen und im Kühlschrank kühlen, bis sie fest wird.

5 Anschließend den Schokoladen-Block nach Belieben in verschieden große Stücke schneiden.

KLEINE Weihnachtszöpfchen

Klein und fein gekringelt präsentieren sich diese leckeren Zöpfchen perfekt auf einem Teller zum Nachmittagstee.

ZUTATEN

Für 12 Stück

½ Würfel frische Hefe (21g)

200ml lauwarme Milch

50g Zucker + 1TL Zucker

500g Weizenmehl (Type 405)

1 Ei (Größe M)

100g weiche Butter

Außerdem

30g Butter

Zucker zum Wälzen

ZUBEREITUNG

1 Für den Teig die Hefe zerbröckeln, in die lauwarme Milch geben und 1TL Zucker hineinrieseln lassen. Rühren, bis die Hefe sich aufgelöst hat, dann 15 Minuten gehen lassen.

2 Das Mehl mit 50g Zucker und Ei in eine Rührschüssel geben und die Hefemischung dazugeben. Den Teig verkneten, dabei auch die Butter hinzugeben und einarbeiten. Den Hefeteig zugedeckt an einem warmen Ort mindestens 45 Minuten gehen lassen.

3 Ein Backblech mit Backpapier auslegen. Den Teig auf einer bemehlten Arbeitsfläche nochmals kurz kneten und in 12 Teile teilen. Aus den Teilen jeweils 1 Strang rollen und einmal verknoten. Die freien Enden jeweils nach unten und nach oben Richtung Knotenmitte umschlagen und andrücken.

4 Die Knoten auf das Backblech setzen und nochmals kurz gehen lassen. In der Zwischenzeit den Backofen auf 200 °C (Ober-/Unterhitze) vorheizen. Die Knoten im vorgeheizten Backofen etwa 15 Minuten (auf mittlerer Schiene) backen.

5 In der Zwischenzeit die Butter zerlassen und den Zucker in einen Teller geben. Die Knoten aus dem Backofen nehmen, noch warm mit Butter bestreichen und im Zucker wälzen.

DATTEL-
Feigen-Häppchen

Fruchtig, nussig und ein wenig crunchy –diese kleinen Happen sind einfach unglaublich lecker!

ZUTATEN

Für 20 Stück

Für die Nussschicht

100g Paranusskerne

100g Cashewkerne

140g Kokosraspel

8 Soft-Datteln

1EL Kokosöl

Salz

Für die Dattel-Feigen-Schicht

1 Bio-Orange

200g Soft-Datteln

100g Soft-Feigen

4EL Dattelsirup

1 Msp. Vanillepulver

1 Msp. gemahlener Zimt

ZUBEREITUNG

1 Die Nüsse mit den Kokosraspel und Datteln für die Nussschicht in die Küchenmaschine geben und zerkleinern. Kokosöl und 1 Prise Salz dazugeben. Die Hälfte des Teigs zwischen zwei Lagen Backpapier auf ein Backblech geben, zu einem 15 x 20cm großen Rechteck ausrollen und mindestens 1 Stunde kalt stellen. Die andere Hälfte bei Zimmertemperatur beiseitestellen.

2 Für die Dattel-Feigen-Schicht die Orange waschen, trocken reiben und die Schale fein abreiben. Den Abrieb mit Trockenobst, Sirup, Vanille und Zimt in der Küchenmaschine zu einer Paste verarbeiten. Die Masse auf das gekühlte Nuss-Rechteck geben und gleichmäßig darauf verstreichen.

3 Die zweite Hälfte des Nussbodens in Bröseln auf die Dattelschicht drücken. Erneut mindestens 30 Minuten kalt stellen. Dann das Rechteck in 3 x 5cm große Häppchen schneiden.

Sweet

KNUSPRIGE Nussecken

Ein weiterer beliebter Klassiker, der bei keinem winterlichen Nachmittagskränzchen fehlen darf. Schmeckt himmlisch zu heißer Schokolade oder einer Tasse dampfendem Glühwein.

ZUTATEN

Für 1 Backblech

Für den Mürbeteig

300g Weizenmehl (Type 405)

1TL Backpulver

90g Zucker

2 Pck. Vanillezucker

2 Eier (Größe M)

130g Butter

Salz

Für die Füllung

3 gehäufte EL Himbeerkonfitüre

200g Butter

150g Zucker

2 Pck. Vanillezucker

400g gemahlene Haselnusskerne

Zum Garnieren

500g Schokoladen-kuvertüre

Außerdem

Butter und Mehl für das Backblech

ZUBEREITUNG

1 Ein Backblech mit Butter einfetten und mit Mehl bestäuben.

2 Für den Mürbeteig alle Zutaten mit 1 Prise Salz in eine Schüssel geben und erst mit den Knethaken des Handrührgeräts, dann mit den Händen zügig zu einem geschmeidigen Teig verkneten. Den Teig auf einer leicht bemehlten Arbeitsfläche auf Backblechgröße ausrollen. Auf das Blech legen und etwa 30 Minuten kühl stellen.

3 Den Teigboden mit der Gabel mehrfach einstechen und die Konfitüre darauf verteilen. Den Ofen auf 180 °C (Ober-/Unterhitze) vorheizen.

4 Butter, Zucker, Vanillezucker und 5EL Wasser in einen Topf geben und unter Rühren aufkochen, bis der Zucker sich aufgelöst hat. Vom Herd nehmen und die Haselnüsse einrühren. Auf dem Mürbeteigboden verteilen.

5 Die Nussecken im vorgeheizten Backofen (auf mittlerer Schiene) 20–25 Minuten backen. Aus dem Backofen nehmen und sofort in Dreiecke schneiden. Auskühlen lassen.

6 Die Kuvertüre über einem heißen Wasserbad oder in der Mikrowelle schmelzen. Die beiden spitzen Ecken der Nussecken hineintunken und die Nussecken auf Backpapier trocknen lassen.

APFEL-
Pudding-Schnecken

Es darf auch mal ein bisschen cremig sein! Diese Pudding-Schnecken überzeugen durch ihre Fluffigkeit und den leckeren Äpfeln.

ZUTATEN

Für 12 Stück

Für den Teig

½ Würfel frische Hefe (21g)

50g Zucker + 1TL Zucker

100ml lauwarme Milch

300g Weizenmehl (Type 405)

1 Ei (Größe M)

25g Butter

Für den Belag

2 Äpfel

140g Zucker

3EL Sahne

3 Eigelb (Größe M)

25g Weizenmehl (Type 405)

25g Speisestärke

300ml Milch

Außerdem

1 Eigelb (Größe M)

1EL Milch oder Sahne

ZUBEREITUNG

1 Für den Hefeteig die Hefe zerbröckeln, mit 1TL Zucker in die lauwarme Milch geben, verrühren und den Vorteig abgedeckt an einem warmen Ort etwa 15 Minuten gehen lassen.

2 Das Mehl mit 50g Zucker und dem Ei in eine Schüssel geben, den Vorteig hinzufügen und vermischen. Die Butter dazugeben und alles zu einem geschmeidigen Teig verkneten. Abgedeckt an einem warmen Ort 45 Minuten gehen lassen.

3 In der Zwischenzeit die Äpfel raspeln und einen Karamellpudding zubereiten. Dazu den Zucker mit 3EL Wasser in einem Topf bei starker Hitze karamellisieren. Sobald der Zucker braun wird, die Sahne einrühren und den Karamell vom Herd nehmen. Beiseitestellen.

4 Die Eigelbe mit Mehl und Speisestärke verquirlen. Die Milch aufkochen, die Mehl-Eigelb-Mischung unter ständigem Rühren hinzugeben und erneut kurz aufkochen lassen. Dann den Karamell einrühren und den Pudding vom Herd nehmen.

5 Ein Muffinblech mit Papierförmchen auslegen. Den Teig auf einer bemehlten Arbeitsfläche zu einem Rechteck ausrollen. Den Pudding auf dem Teig verteilen und darauf die geraspelten Äpfel geben. Nun den Teig von der langen Seite her aufrollen und in 12 gleichmäßige Schnecken schneiden und in die Papierförmchen legen. Das Eigelb mit der Milch verquirlen und die Schnecken damit bestreichen. Etwa 20 Minuten gehen lassen.

6 Den Backofen auf 200 °C (Ober-/Unterhitze) vorheizen und die Schnecken in etwa 15 Minuten goldgelb backen.

CRANBERRY-KOKOS-Schneebällchen

„Let it snow" – oder sollten wir lieber sagen „Let it roll"? So oder so, diese kleinen Schneebälle versprühen richtigen Weiße-Weihnachts-Flair!

ZUTATEN

Für 15 Stück

55g getrocknete Cranberrys

25g Walnusskerne

50g Kokoschips

40g feine Haferflocken

170g weißes Mandelmus

70g Agavendicksaft

30g Leinmehl

50g Kokosraspel

ZUBEREITUNG

1 Cranberrys und Walnüsse fein hacken. Die Kokoschips klein zerbröckeln. Alles in einer Schüssel mit den Haferflocken vermischen. Das Mandelmus mit dem Agavendicksaft vermischen und beides unter die trockenen Zutaten rühren. Als Letztes das Leinmehl hinzufügen, es sorgt für einen besseren Halt.

2 Aus dem feuchten Teig 15 walnussgroße Kugeln formen. Die Kokosraspel in eine Schüssel füllen und die Bällchen darin wälzen.

3 Die Energiebomben am besten kühl und trocken lagern. Wer möchte, kann sie auch gut einfrieren.

WEIHNACHTLICHE *Blondies*

Fluffig, klein, goldblond. Und mit den feinen Mandelsplittern ein echter kleiner Hingucker.

ZUTATEN

Für 30 Stück

250g weiche Butter

150g Zucker

4 Eier (Größe M)

300g Weizenmehl (Type 405)

1TL Backpulver

50ml Milch

1TL gemahlener Zimt

½TL gemahlene Nelken

50g Mandelstifte

100g weiße Schokolade

ZUBEREITUNG RÜHRTEIG

1 Butter und Zucker in eine Schüssel geben und mit den Quirlen des Handrührgeräts schaumig schlagen. Die Eier einzeln dazugeben und jeweils 1 Minute unterrühren. Die Masse nach dem letzten Ei so lange weiterschlagen, bis sie aufhellt und das Volumen zunimmt.

2 Das Mehl mit dem Backpulver mischen und unter die Eiermasse rühren. Die Milch dazugießen und unter den Teig rühren.

3 Den Backofen auf 180 °C (Ober-/Unterhitze) vorheizen. Ein Backblech mit Backpapier auslegen.

4 Den Rührteig mit Zimt und Nelken vermengen, auf das Backblech geben und glatt streichen. Im vorgeheizten Backofen in 30 Minuten goldgelb backen. Herausnehmen und den noch warmen Teig mit den Mandelsplittern bestreuen. Auf dem Blech etwas abkühlen lassen.

5 Die weiße Schokolade in Stücke brechen, dann über einem heißen Wasserbad schmelzen. Etwas abkühlen lassen, dann als dekorative Fäden über den Teig laufen lassen. Den Teig mit einem Kuchenmesser in gleichmäßige längliche Stücke schneiden.

EXQUISITES Früchtebrot

Dieses Früchtebrot ist so reich an wunderbaren köstlichen Aromen! Bieten Sie es doch zu einem winterlichen Brunch an – Ihre Gäste werden es lieben!

ZUTATEN

Für 6 kleine Laibe

350g entkernte Äpfel

250g getrocknete Feigen

250g getrocknete Datteln

120g Dinkelmehl (Type 630)

½ Pck. Backpulver

Abrieb von 1 Bio-Zitrone

200g Mandeln

100g getrocknete Cranberrys (alternativ Rosinen oder getrocknete Kirschen)

50ml Ahornsirup

1TL gemahlener Zimt

1TL gemahlener Kardamom

1 Eiweiß (Größe M)

Salz

ZUBEREITUNG

1 Den Backofen auf 180 °C (Ober-/Unterhitze) vorheizen. Die Backbleche mit Backpapier auslegen.

2 Die Äpfel fein raspeln oder klein schreddern. Die getrockneten Feigen und Datteln in kleine Stücke schneiden oder grob schreddern.

3 Apfelraspel, Feigen und Datteln in eine Schüssel geben. Mit dem Dinkelmehl, dem Backpulver, dem Zitronenabrieb, den Mandeln, den Cranberrys, dem Ahornsirup, dem Zimt und dem Kardamom mischen. Alles gründlich miteinander vermengen.

4 Das Eiweiß mit 1 Prise Salz steif schlagen und unter die Früchtemasse heben, sodass eine klebrige, grobe Masse entsteht. Daraus mit angefeuchteten Händen 6 kleine Laibe formen (jeder entspricht einer guten Handvoll Früchtemasse).

5 Die Laibe auf die Backbleche legen und im vorgeheizten Backofen etwa 40 Minuten backen. Herausnehmen und gut auskühlen lassen. An einem kühlen, trockenen Ort aufbewahren.

DUFTENDE Bratäpfel

Nichts, aber auch nichts passt so gut zur Weihnachts- und Adventszeit wie herrlich duftende Bratäpfel. Wenn die Zimt- und Apfeldüfte durch das Haus strömen, ist es so gut wie unmöglich sich zurückzuhalten.

ZUTATEN

Für 5 Portionen

5 große Äpfel

1 Zitrone

100g weiche Butter

100g Zucker

175g Mehl (Type 405)

1 Prise gemahlener Zimt

200g Sahne

2EL Puderzucker

Mandelstifte zum Bestreuen

ZUBEREITUNG

1 Die Äpfel waschen und einen Deckel abschneiden. Die Äpfel mit einem Obstmesser und einem Löffel aushöhlen, dabei die Kerne entfernen und 5EL von dem Fruchtfleisch zur weiteren Verwendung beiseitelegen.

2 Ein Backblech mit Backpapier auslegen. Den Backofen auf 200 °C (Ober-/Unterhitze) vorheizen.

3 Den Saft der Zitrone auspressen. Die ausgehöhlten Äpfel damit bepinseln und auf das Blech setzen. Die Äpfel mit dem beiseitegelegten Fruchtfleisch füllen.

4 Für die Streusel die weiche Butter mit Zucker, Mehl und Zimt in einer Rührschüssel zu einem krümeligen Teig verkneten. Die Streusel auf den Äpfeln verteilen und leicht andrücken.

5 Die Bratäpfel im vorgeheizten Backofen (auf mittlerer Schiene) etwa 30 Minuten backen, bis die Äpfel schrumpelig und die Streusel goldbraun sind. Dann herausnehmen.

6 Die Sahne mit dem Puderzucker steif schlagen. Die warmen Bratäpfel mit Mandelstiften bestreuen und mit der Sahne servieren.

APULISCHE Incartellate

Bei diesem Gebäck handelt es sich um ein typisches Gebäck aus Apulien, das insbesondere in der Weihnachtszeit zubereitet wird. Die dünn gewickelten, gezackten Teigstreifen stehen symbolisch für den Heiligenschein des Christkindes.

ZUTATEN

Für ca. 25 Stück

30g Olivenöl

120ml Weißwein

Salz

300g Weizenmehl (Type 405)

250g Honig

Außerdem

Öl zum Frittieren

Puderzucker zum Verzieren

ZUBEREITUNG

1 Olivenöl und Weißwein in einem Topf vorsichtig erhitzen, bis Dampf aufsteigt. 1 Prise Salz hinzugeben, verrühren und in eine große Schüssel umfüllen. Mehl hinzugeben, alles miteinander vermengen und anschließend kräftig zu einem glatten Teig kneten. Falls der Teig zu trocken ist, einfach löffelweise noch ein wenig Weißwein hinzugeben. Der Teig sollte am Ende sehr schön elastisch sein. Mit Folie und einem Geschirrtuch abdecken und 30 Minuten bei Zimmertemperatur ruhen lassen.

2 Den Teig durch eine Nudelmaschine zu etwa 2mm dicken und etwa 30cm langen Bahnen pressen. Alternativ gelingt das auch mit einem Nudelholz. Diese mithilfe eines Teigrädchens der Länge nach in 4cm breite Streifen schneiden. Jeden Streifen alle 4cm zusammendrücken. Die sich dadurch ergebenden Lücken etwas ineinanderschieben und den ganzen Streifen anschließend aufrollen, sodass sich kleine rosenartige Rohlinge ergeben. Beim Aufrollen den Teig immer wieder zusammendrücken, damit sich die Rosen beim Frittieren später nicht öffnen. Auf ein mit Backpapier ausgelegtes Backblech legen und über Nacht ruhen lassen.

3 In einem großen Topf so viel Öl erhitzen, dass sich die Incartellate bequem frittieren lassen. Sobald das Öl heiß ist, so viele Incartellate hineingeben, dass sie sich nicht überlappen. Von beiden Seite golden frittieren. Das dauert auf jeder Seite etwa 2–3 Minuten. Mit einer Schaumkelle oder einer Küchenzange aus dem Öl nehmen und auf Küchenpapier abtropfen lassen.

4 In einem kleinen Topf oder einer kleinen beschichteten Pfanne den Honig vorsichtig erhitzen. Sobald er flüssig ist, die Incartellate nacheinander im Honig wenden und auf einen Servierteller legen. Zum Schluss großzügig mit Puderzucker bestreuen und noch heiß genießen.

Zimtige Cupcakes

MIT GEZUCKERTEN CRANBERRYS

Manche Weihnachtsnaschereien sind einfach ziemlich üppig und oft reicht einem dann doch auch nur ein kleines bisschen davon. Von diesen kleinen Küchlein werden Sie aber bestimmt nicht genug bekommen.

ZUTATEN

Für 12 Stück

Für die Cupcakes

200g Dinkelvollkornmehl
1 Pck. Backpulver
Salz
¼TL gemahlener Kardamom
¼TL gemahlener Zimt
¼TL gemahlene Nelken
50g Zucker
1 Pck. Vanillezucker
50ml Sonnenblumenöl
1 Ei (Größe M)
200ml Orangensaft
100g Cranberrys

Für die Vanillesahne

200g Schlagsahne
1 Pck. Sahnesteif
1 Pck. Vanillezucker

Für die gezuckerten Cranberrys

150g Zucker
125g Cranberrys

ZUBEREITUNG

1 Den Backofen auf 200 °C (Ober-/Unterhitze) vorheizen. Die Mulden eines Muffinblechs einfetten und beiseitestellen. Dinkelmehl, Backpulver, 1 Prise Salz, Kardamom, Zimt und Nelken in einer Schüssel gut miteinander vermischen.

2 In einer weiteren Schüssel Zucker, Vanillezucker und Öl mit dem Ei cremig rühren. Anschließend die trockenen Zutaten im Wechsel mit dem Orangensaft unter die Zucker-Ei-Mischung rühren.

3 Die Cranberrys waschen, halbieren und vorsichtig unter den Teig rühren. Den Teig in die Muffinform füllen und im vorgeheizten Backofen in 20–25 Minuten goldbraun backen. Nach dem Backen auf einem Kuchenrost vollständig auskühlen lassen.

4 Für die Vanillesahne Schlagsahne, Sahnesteif und Vanillezucker steif schlagen. Die Sahne in einen Spritzbeutel füllen und kleine Tuffs auf die Muffins spritzen. Die Cupcakes im Kühlschrank kalt stellen.

5 Für die gezuckerten Cranberrys 125ml Wasser in einem Topf mit der Hälfte des Zuckers aufkochen, bis der Zucker sich vollständig aufgelöst ist. Den Topf vom Herd nehmen und die Cranberrys in den Sirup geben, darauf achten, dass die Cranberrys vollständig vom Sirup umhüllt sind. Die Cranberrys 15 Minuten zugedeckt stehen lassen. Den restlichen Zucker auf einen Teller geben.

6 Die Cranberrys aus dem Zuckersirup heben, im Zucker wälzen und mindestens 1 Stunde trocknen lassen. Die Cupcakes aus dem Kühlschrank nehmen und mit den gezuckerten Cranberrys dekorieren.

KLEINE Lebkuchen

Lebkuchen sind aus der Weihnachtszeit einfach nicht wegzudenken. Deswegen machen wir gleich ein ganzes Blech davon und überziehen die einzelnen Lebkuchen mit einer herrlichen Schokoladenglasur!

ZUTATEN

Für 22 Stück

Für das Orangeat und Zitronat

40g Zitronenschale

40g Orangenschale

Salz

40g Zucker

Für die Lebkuchen

300g gemahlene Haselnusskerne

1 Pck. Lebkuchengewürz

2EL Kakao

50g Zucker

3 Eier

50g Zartbitterschokolade (70% Kakaogehalt)

ZUBEREITUNG

1 Für das Orangeat und Zitronat die Schale von 2–3 Orangen und 2–3 Zitronen dünn abschneiden und in kleine Stückchen schneiden. In einem Topf mit viel Wasser und 1 Prise Salz etwa 60 Minuten abgedeckt köcheln lassen. Abtropfen und mit dem Zucker karamellisieren. Auf Backpapier geben und trocknen lassen.

2 Für die Lebkuchen Haselnusskerne, Gewürz, Kakao, Birkenzucker und selbst gemachtes Orangeat sowie Zitronat mischen. Eier unterkneten und den Teig 30 Minuten ruhen lassen.

3 Den Ofen auf 180 °C (Ober-/Unterhitze) vorheizen und ein Backblech mit Backpapier belegen. Aus dem Teig Lebkuchen formen und auf das Backpapier legen. Diese nun 10–15 Minuten backen. Auf einem Gitterrost abkühlen lassen.

4 Die Schokolade grob hacken und über dem heißen Wasserbad schmelzen. Die Lebkuchen mithilfe eines Pinsels dünn mit Schokolade bestreichen und trocknen lassen.

Weihnachtsrauten

Schokoladig, quadratisch, praktisch, gut. Hauptsache aber schokoladig sind diese kleinen Rauten. Nicht nur für Schoko-Fans ein absolutes Muss.

ZUTATEN

Für ca. 40 Stück

350g Zartbitterschokolade (70% Kakaogehalt)

250g Puderzucker

250g Butter, zimmerwarm

6 Eier (Größe M)

250g gemahlene Mandeln

40g Mandelmehl

1EL Kakaopulver

2EL gehobelte Mandeln

ZUBEREITUNG

1 250g Schokolade hacken und über dem heißen Wasserbad schmelzen. Handwarm abkühlen lassen. Den Puderzucker mit der Butter cremig aufschlagen. Eier einzeln unterrühren. Den Ofen auf 180 °C (Ober-/Unterhitze) vorheizen.

2 Die Schokolade untermischen. Mandeln, Mandelmehl, und Kakao mischen, unterrühren. Teig in eine rechteckige Backform (20 x 40cm) streichen und etwa 20 Minuten backen, auf einem Gitter abkühlen lassen.

3 Die restliche Schokolade hacken und über dem heißen Wasserbad schmelzen.

4 Den Kuchen aus der Form lösen und mit der Schokolade bestreichen. Dann die gehobelten Mandeln in einer Pfanne ohne Fett rösten und anschließend auf der Schokolade verteilen. Alles fest werden lassen, Kuchen dann in Rauten schneiden.

OSTIE RIPIENE Molisane

Auch bei diesem Gebäck handelt es sich um eine traditionell italienische Köstlichkeit. Die Herstellung ist eine etwas klebrige Angelegenheit, aber das Ergebnis kann sich sehen lassen.

ZUTATEN

Für ca. 10–15 Stück

40g Honig

160g ganze Mandeln

1EL kandierte Orangenschale

2EL Zucker

1TL gemahlener Zimt

30 Backoblaten (Ø 7cm)

ZUBEREITUNG

1 Den Honig vorsichtig erhitzen, dabei aufpassen, dass er nicht anbrennt. Anschließend die Mandeln hinzufügen und umrühren. Kandierte Orangenschale, Zucker und Zimt hinzufügen und alles gut verrühren.

2 Jeweils einen 1EL der Mandelmasse auf eine Backoblate geben. Mit einer weiteren Backoblate bedecken und behutsam zusammendrücken. Mit den weiteren Oblaten ebenso verfahren, bis die Mandelmasse aufgebraucht ist. Anschließend gut trocknen lassen.

FLUFFIGE Maronen-Brioches

Wer im Winter gern Maronen isst, wird diese kleinen Hefeknoten lieben!

ZUTATEN

Für 12 Stück

Für die Creme

400g vorgegarte Maronen (vakuumverpackt)

180g brauner Zucker

1 Vanilleschote

Für den Teig

15g frische Hefe

250ml lauwarme Milch

3EL Zucker

450g Weizenmehl (Type 405)

1TL Salz

50g geschmolzene Butter

Außerdem

Mehl für die Arbeitsplatte

1 Ei (Größe M)

3EL brauner Zucker

ZUBEREITUNG

1 Für die Creme die Maronen in 350ml Wasser etwa 15 Minuten garen. Anschließend das Wasser abgießen und die Maronen fein pürieren. Dann Zucker und das ausgekratzte Mark der Vanilleschote dazugeben und alles bei niedriger Hitze unter Rühren etwa 15 Minuten einkochen lassen, bis eine cremige Masse entstanden ist.

2 Für den Teig die Hefe in die lauwarme Milch bröseln und den Zucker dazugeben. Alles verrühren und zugedeckt an einem warmen Ort 5 Minuten gehen lassen.

3 Das Mehl in eine Schüssel sieben und das Salz unterrühren. Die Hefemilch und die Butter hinzufügen und alles zu einem glatten, geschmeidigen Hefeteig kneten. Den Teig zugedeckt an einem warmen Ort 2 Stunden gehen lassen.

4 2 Backbleche mit Backpapier auslegen. Den Teig in 12 gleich große Portionen teilen. Jede Portion auf der leicht bemehlten Arbeitsplatte mit dem Nudelholz zu einem Rechteck (30 x 8–10cm) ausrollen.

5 Jedes Teigrechteck mit Maronencreme bestreichen und von der Längsseite her einrollen. Jede Teigrolle der Länge nach in der Mitte mit einem scharfen Messer durchschneiden, dabei die obersten 2cm aussparen, dort bleibt die Teigrolle jeweils ganz.

6 Die beiden Stränge vom zusammenhängenden Ende beginnend umeinanderzwirbeln. Dann den Strang zu einem Knoten legen und die Enden jeweils von oben und unten durch das entstandene Loch stecken.

7 Jeweils 6 Brioches mit ausreichend Abstand auf ein Blech legen und zugedeckt 20 Minuten gehen lassen. Den Ofen auf 180 °C (Ober-/Unterhitze) vorheizen.

8 Die Brioches mit dem verquirlten Ei bestreichen und mit braunem Zucker bestreuen. Dann im Ofen 20–25 Minuten goldgelb gebacken. Aus dem Ofen nehmen und vor dem Servieren etwas abkühlen lassen.

Kuchen, Torten & Desserts

NUSSIGER
Panforte

Dieses tarteähnliche Gebäck stammt ursprünglich aus der Toskana und ist zur Weihnachtszeit ein absoluter Genuss.

ZUTATEN

Für 1 Springform (Ø 28cm)

150g Cashewkerne

150g Walnusskerne

250g getrocknete Pflaumen (oder Zwetschgen)

100g getrocknete Datteln

80g Mehl (Type 405)

½TL gemahlener Zimt

Abrieb von 1 Bio-Orange (nach Belieben)

140g Honig

100g Zucker

Außerdem

Puderzucker zum Bestäuben

ZUBEREITUNG

1 Den Backofen auf 170 °C (Ober-/Unterhitze) vorheizen. Eine Springform mit Backpapier auslegen.

2 Von den Cashewkernen und den Walnüssen je 100g klein hacken. Die übrigen Nüsse ganz lassen.

3 Die Pflaumen und die Datteln sehr klein schneiden oder in einem Standmixer kurz auf hoher Stufe verarbeiten. Mit den gehackten und den ganzen Cashewkernen und den Walnüssen vermengen. Mehl, Zimt und gegebenenfalls Orangenabrieb dazugeben.

4 Den Honig mit dem Zucker in einem Topf unter Rühren erwärmen; dabei kurz aufkochen, damit sich der Zucker auflöst. Zur Nuss-Frucht-Mischung gießen und alle Zutaten gut vermengen.

5 Die Masse in die Springform geben, verteilen und platt drücken. Am besten geht das mit den Händen; die Hände vorher mit Wasser befeuchten, damit die Masse nicht zu sehr an den Fingern klebt.

6 Den Panforte im vorgeheizten Backofen etwa 40 Minuten (auf mittlerer Schiene) backen. Auskühlen lassen, dann Puderzucker darübersieben. Sofort servieren oder an einem kühlen, trockenen Ort aufbewahren – dann hält er sich mehrere Tage.

TRADITIONELLE Panettone

Diese Rezept ist zugegebenermaßen sehr zeitaufwendig. Das Ergebnis lässt sich allerdings sehen: Genießen Sie eine echt italienische Panettone – fluffiger gibt's den hier wohl nur in Italien!

ZUTATEN

Für 1 Panettone

Für den Vorteig

30ml lauwarmes Wasser

1EL Honig

10g frische Hefe

40g Manitobamehl

Für den ersten Teig

120ml lauwarmes Wasser

120g Zucker

2 Eigelb (Größe M)

60g zerlassene Butter

175g Weizenmehl (Type 405)

175g Manitobamehl

Für den zweiten Teig

150g Rosinen

1 Eigelb (Größe M)

20g Zucker

1TL getrocknete Orangenschale

1TL gemahlene Vanille

60g weiche Butter

50g Weizenmehl (Type 405)

Außerdem

Mehl für die Arbeitsfläche

1 Panettoneform (750g Fassungsvermögen)

Butter für die Form

2 Holzspieße

Puderzucker zum Verzieren

ZUBEREITUNG

1 Für den Vorteig Wasser und Honig in einer Schüssel miteinander vermengen. Hefe hineinbröckeln und so lange mit einem Löffel verrühren, bis sie sich gut aufgelöst hat. Das Mehl hineingeben und vermengen, bis sich eine glatte Masse ergeben hat. Die Schüssel mit Folie abdecken und im geschlossenen Backofen für 30 Minuten ruhen lassen.

2 Für den ersten Teig Wasser und Zucker in eine große Schüssel geben und mit einem Löffel vermengen, bis sich der Zucker aufgelöst hat. Vorteig hinzugeben und alles vorsichtig miteinander verrühren. Eigelbe hinzugeben und immer weiterrühren, bis sie sich vollständig mit dem Teig verbunden haben. Nun die geschmolzene Butter hinzugeben und sachte weiterrühren.

3 Die Mehle in einer Schüssel miteinander vermengen. Nach und nach drei Viertel des Mehls zum Teig geben und mit den Händen kneten. Der Teig wird fester, je mehr Mehl hinzukommt, klebt anfangs aber noch stark an den Fingern. Wichtig ist, immer weiter zu kneten. Die Arbeitsplatte mit Mehl bestäuben, den Teig darauf geben und auch von oben mit Mehl

bestäuben. Nun immer weiter kneten und zwischendurch mit Teilen des restlichen Mehls bestäuben. Beim Kneten vorwärts- und rückwärts rollende Bewegungen machen, damit er nicht zu sehr an der Arbeitsplatte kleben bleibt. Der Teig wird nun sukzessive immer elastischer und sollte nach etwa 15 Minuten schön glatt und homogen sein.

4 Den Teig nun zu einer Kugel formen, in eine Schüssel geben, mit Folie sowie einem Geschirrtuch abdecken und 2 Stunden im geschlossenen, ausgeschalteten Backofen gehen lassen.

5 Die Rosinen mit Wasser bedecken und beiseitestellen.

6 Eine neue große Schüssel verwenden. Den Teig nach der Gehzeit in die Schüssel geben. In der Mitte eine Mulde formen. Für den zweiten Teig, Eigelb, Zucker, die getrocknete Orangenschale sowie die Vanille in die Mulde geben und alles mit den Händen verkneten. Der Teig wird dadurch wieder recht klebrig. Die Butter in kleinen Stückchen nach und nach zum Teig geben und immer weiter kneten. Durch das Kneten löst sich die Butter auf und vermengt sich mit dem Teig, der nun wieder sehr weich ist.

7 Nach und nach in kleinen Portionen immer etwas Mehl über den Teig streuen und weiter kneten. Sobald er etwas fester wird, die Arbeitsplatte mit etwas Mehl bestäuben und den Teig darauf geben. Mit etwas Mehl bestäuben und weiter kneten, dabei erneut vorwärts- und rückwärts rollende Bewegungen machen. Nach einiger Zeit wird der Teig wieder schön elastisch.

8 Wenn es so weit ist, den Teig etwas flach drücken. Rosinen mit der Hand gut ausdrücken und portionsweise in den Teig geben, mit 1 kleinen Handvoll Mehl bestäuben und in den Teig kneten. So weiter verfahren, bis alle Rosinen aufgebraucht und im Teig verarbeitet sind. Dabei ist es wichtig, die Rosinen wirklich gut auszupressen und ggf. auch die Hände abzutrocknen, damit nicht zu viel Wasser in den Teig gelangt!

9 Den Teig nun zu einer Kugel formen und diese in die gefettete Panettoneform setzen. Den Panettone auf ein Blech stellen und so mit einer Plastiktüte (bzw. mit einem großen Gefrierbeutel) abdecken, dass diese quasi über der Form steht. Das Blech in den Ofen schieben und bei geschlossener Tür für 4 Stunden gehen lassen.

10 Den Backofen auf 190 °C (Ober-/Unterhitze) vorheizen. Die Plastiktüte entfernen.

11 Der Panettone ist nach der Gehzeit nahezu bis zum oberen Rand der Form gewachsen. Die Oberfläche nun noch mittig kreuzweise einritzen und das Kreuz an seinen vier Ecken aufklappen. Ein 1cm großes Stück Butter hineinlegen. Den Panettone im heißen Ofen (auf mittlerer Schiene) 10 Minuten backen. Die Hitze anschließend auf 170 °C reduzieren und in 35–40 Minuten fertig backen. Sollte der Panettone oben zu dunkel werden, mit etwas Alufolie abdecken.

12 Panettone aus dem Ofen nehmen. Damit er nicht zusammenfällt, zwei Holzspieße 3cm vom Boden entfernt parallel zum Boden der Form durch den Panettone stechen. Der eine Holzspieß wird dabei eher im linken Drittel, der zweite eher im rechten Drittel angesetzt. Mithilfe der Holzspieße den Panettone drehen und in ein hohes Gefäß, z.B. einen Topf, hängen. So wird er durch die Holzspieße gestützt und kann auskühlen. Anschließend wieder umdrehen, mit Puderzucker bestreuen und möglichst frisch servieren.

Zimtkranz

An diesem luftigen Zimtkranz werden sich alle herzhaft bedienen wollen. Achten Sie darauf, dass Sie in jedem Fall auch ein Stückchen abbekommen!

ZUTATEN

Für 2 Kränze

Für den Teig

½ Würfel frische Hefe (21g)

20g Rohrohrzucker

150g Milch

250g Dinkelmehl (Type 630)

150g Dinkelmehl (Type 1050)

1 Ei (Größe M)

½TL Meersalz

Für die Zimtfüllung

50g Butter

4EL Rohrohrzucker

3TL gemahlener Zimt

Außerdem

1EL Milch zum Bestreichen

ZUBEREITUNG

1 Hefe, Zucker und Milch verrühren. Die Hefemilch für etwa 5 Minuten ziehen lassen.

2 Die restlichen Zutaten für den Teig hinzufügen und kneten. Der Teig sollte sich vom Rand lösen, falls er noch zu klebrig ist, esslöffelweise Mehl hinzugeben und kurz weiterkneten.

3 Den Teig in einer Schüssel abgedeckt 1 Stunde an einem warmen Ort gehen lassen.

4 Für die Füllung die Butter in einem kleinen Topf schmelzen lassen und mit Zucker und Zimt verrühren.

5 Für 2 Kränze den Teig teilen und jeweils zu einem Quadrat von ungefähr 30 x 30cm ausrollen.

6 Beide Teigplatten mit der Zimtbutter bestreichen und aufrollen. Die Rollen halbieren und die Teigstränge miteinander verdrehen, sodass die Schnittkanten möglichst oben liegen. Die verdrehten Teigstränge zu einem Kreis auf ein mit Backpapier ausgelegtes Backblech legen.

7 Die Zimtkränze im vorgeheizten Backofen bei 200 °C (Ober-/Unterhitze) für 25 Minuten backen.

8 Die noch heißen Zimtkränze mit Milch bestreichen, so bekommen sie einen schönen Glanz.

KLASSISCHER
Christstollen

Den besten Christstollen gibt es nur bei der Großmutter? Weit gefehlt – mit diesem Rezept kommen Sie mit Sicherheit ganz nah dran.

ZUTATEN

Für 1 Stollen

Für die Füllung

150g getrocknete Datteln

75g getrocknete Feigen

50g Mandeln

50g Haselnusskerne

50g Rosinen

7EL Mandellikör

Für den Hefeteig

500g Mehl (Type 405)

5g Stollengewürz

Salz

150ml Milch

1 Würfel frische Hefe (42g)

50g Zucker

150g weiche Butter

Außerdem

50g Butter

Puderzucker

ZUBEREITUNG

1 Für die Füllung Datteln, Feigen, Mandeln und Haselnüsse klein schneiden bzw. hacken. Mit Rosinen, Mandellikör und 5EL Wasser mischen und mindestens 2 Stunden, besser über Nacht, ziehen lassen. In einem Sieb gut abtropfen lassen.

2 Für den Teig das Mehl mit Stollengewürz und ½TL Salz mischen. Milch lauwarm erhitzen. Eine Mulde in das Mehl drücken und die Hefe hineinbröckeln. Etwas Zucker darauf verteilen und etwa 5EL Milch hinzugeben. Mit einem Stab vorsichtig verrühren, bis die Hefe sich löst. Dabei etwas Mehl untermischen. Den Vorteig abgedeckt an einem warmen Ort etwa 15 Minuten gehen lassen, bis der Teig deutlich Blasen wirft.

3 Den Rest Zucker, Milch und weiche Butter in Stücken zum Vorteig geben und mit den Knethaken des Handrührgeräts etwa 8 Minuten zu einem glatten und geschmeidigen Hefeteig verkneten. Abgedeckt an einem warmen Ort 1 Stunde gehen lassen. Der Teig sollte deutlich an Volumen zugenommen haben.

4 Den Hefeteig erneut durchkneten. Die Füllung hinzugeben, einarbeiten und erneut etwa 1 Stunde gehen lassen, bis er wieder deutlich an Volumen gewonnen hat.

5 Inzwischen ein Backblech mit Backpapier auslegen. Den Ofen auf 175 °C (Ober-/Unterhitze) vorheizen.

6 Teig auf einer leicht bemehlten Arbeitsfläche zu einem Laib formen. Mit einem Nudelholz längs mittig eine Mulde in den Teig drücken, dabei das Nudelholz vor und zurück bewegen, bis ein Rechteck entsteht mit leicht abgerundeten Kanten bei dem die Enden der längeren Seiten etwas dicker sind. Nun die eine Teighälfte längs so auf die andere legen, dass diese nicht ganz bedeckt ist. Zwischen den dickeren Teigenden auf der einen Seite und dem gegenüberliegenden dünneren Ende mit der Hand eine Mulde eindrücken, sodass die typische Stollenform entsteht.

7 Die seitlichen Enden etwas unterschlagen und rund formen. Den Christstollen auf das vorbereitete Backblech legen und im heißen Ofen etwa 50 Minuten backen.

8 Kurz vor Ende der Backzeit 50g Butter schmelzen. Stollen aus dem Ofen nehmen und mit der Butter bestreichen. Mit der Hälfte des Puderzuckers bestäuben. Christstollen vollständig auskühlen lassen und dann mit dem restlichen Puderzucker bedecken.

PANGIALLO Romano

Der Pangiallo Romano ist ein traditionelles, italienisches und vor allem sehr reichhaltiges Festtagsbrot. Raffiniert ist hier die wunderbare Safrankruste.

ZUTATEN

Für 1 Brot

Für den Teig

100g Zartbitterschokolade (70% Kakaogehalt)

100g Honig

abgerieben Schale von je 1 Bio-Zitrone und -Orange

100g Rosinen

40g gemischte kandierte Früchte

75g gemahlene Mandeln

75g gehackte Walnusskerne

75g gehackte Haselnusskerne

40g Pinienkerne

75g Weizenmehl (Type 405)

Für die Safrankruste

Safranfäden

2EL Weizenmehl (Type 405)

2EL Öl

ZUBEREITUNG

1 Den Backofen auf 200 °C Grad (Ober-/Unterhitze) vorheizen.

2 Für den Teig die Schokolade grob hacken und über dem Wasserbad oder in der Mikrowelle schmelzen. Zusammen mit allen weiteren Zutaten in einer Schüssel miteinander vermengen und mit den Händen zu einem Teig kneten. Auf ein mit Backpapier belegtes Blech geben und zu einem ovalen Leib formen.

3 Für die Safrankruste 1 Prise Safranfäden im Mörser zerstoßen. Mit 1EL Wasser vermischen. In eine kleine Schale geben und mit den restlichen Zutaten vermischen. Sollte die Konsistenz zu fest sein, 1 weiteren EL Wasser dazugeben.

4 Den Nusslaib mit der Safranpaste gleichmäßig bestreichen. Anschließend im heißen Ofen (auf mittlerer Schiene) ca. 30 Minuten backen. Herausnehmen und abkühlen lassen. Vor dem Anschneiden den Kuchen ca. 2 Stunden ruhen lassen, da er sonst beim Anschneiden leicht zerbröselt.

FESTLICHER Rotweinkuchen

Wie dunkler Samt liegt die Schokoladenglasur auf diesem Gugelhupf. Ein wahres Fest für die Sinne.

ZUTATEN

Für 1 Gugelhupf

Für den Teil

180g Zartbitterschokolade (70% Kakaogehalt)

250g Mehl (Type 405)

1TL gemahlener Zimt

2EL Backkakao

¼TL gemahlene Vanille

1 Pck. Backpulver

250g weiche Butter

175g Zucker

1 Pck. Vanillezucker

5 Eier (Größe M)

175ml Rotwein

80g gehackte Mandeln, geröstet

Salz

Für den Guss

200g Zartbitterkuvertüre (70% Kakaogehalt)

gehackte Nüsse, geröstet, nach Belieben

Außerdem

Butter und Mehl für die Form

ZUBEREITUNG

1 Eine Gugelhupfform gut ausfetten und mit etwas Mehl ausstreuen. Den Backofen auf 175 °C (Ober-/Unterhitze) vorheizen. 100g Schokolade über einem heißen Wasserbad schmelzen, 80g raspeln.

2 Mehl mit Zimt, Backkakao, Vanille und Backpulver mischen. Beiseitestellen. Butter kurz schlagen. Zucker und Vanillezucker hinzugeben und die Masse etwa 5 Minuten schaumig schlagen. Die Eier trennen. Die Eigelbe nacheinander jeweils 30 Sekunden unterrühren.

3 Mehlmischung in kleinen Portionen abwechselnd mit dem Rotwein unter die Eiermasse rühren. Die geschmolzene Schokolade hinzufügen und vermengen. Schokoladenraspel und gehackte Mandeln unterheben. Die Eiweiße mit 1 Prise Salz steif schlagen und vorsichtig unter den Teig ziehen.

4 Teig in die vorbereitete Form geben und im vorgeheizten Backofen ungefähr 60–70 Minuten backen. Stäbchenprobe machen. Den Kuchen aus dem Backofen nehmen, 10 Minuten in der Form abkühlen lassen und dann stürzen.

5 Die Kuvertüre in der Mikrowelle oder über einem heißen Wasserbad schmelzen und über den Kuchen gießen. Den Rotweinkuchen nach Belieben mit gehackten Nüssen verzieren.

Christmas Pudding

Auch wenn der Name vielleicht etwas anderes vermuten lässt, handelt es sich bei diesem britischem Traditionsgebäck um keinen Pudding aus Milch oder Sahne.

ZUTATEN

Für 1 Gugelhupf

Für den Pudding

250g Sultaninen

100g Korinthen

125g Backpflaumen

3EL Rum

2 Äpfel

1 Bio-Zitrone

je 100g Orangeat und Zitronat

90g gefrorene Butter

4 Eier (Größe M)

65g Rohrohrzucker

100g Mehl (Type 405)

120g Paniermehl

100g gemahlene Haselnüsse

½TL gemahlene Nelken

½TL gemahlener Zimt

geriebene Muskatnuss

Pfeffer

Für die Sauce

125g weiche Butter

125g Zucker

3EL Rum

Außerdem

Butter und Paniermehl für die Form

6EL Rum (54%) zum Flambieren

ZUBEREITUNG

1 Sultaninen, Korinthen und klein geschnittene Backpflaumen mit dem Rum in eine Schüssel geben und über Nacht gut durchziehen lassen.

2 Am nächsten Tag die Äpfel schälen, vom Kerngehäuse befreien und in kleine Würfel schneiden. Die Zitrone heiß abwaschen und trocknen, den Saft auspressen und die Schale fein abreiben. Zitronensaft und -schale sowie Orangeat und Zitronat zu den Äpfeln geben.

3 Die gefrorene Butter hacken. In einer Schüssel die Eier mit dem Zucker cremig schlagen. Das Mehl darübersieben. Paniermehl, Haselnüsse, Nelken, Zimt, etwas Muskatnuss und Pfeffer dazugeben. Alles mit der Butter vermengen. Eine verschließbare Puddingform mit Butter einfetten und mit Paniermehl ausstreuen. Den Teig hineinfüllen und verschließen. Den Kuchen über einem heißen Wasserbad knapp unter dem Siedepunkt rund 3 Stunden garen.

4 Für die Sauce die Butter mit Zucker und Rum verrühren.

5 Den fertigen Christmas Pudding aus dem Wasserbad nehmen und vor dem Stürzen rund 5 Minuten ruhen lassen. Den Rum zum Flambieren etwas erwärmen, am Tisch über den Kuchen gießen und anzünden. Die Sauce separat zum Christmas Pudding servieren.

GLÜHWEIN-
Cheesecake

Ein beschwipster Cheesecake? Wieso nicht! An den Feiertagen darf man sich einfach mal ein bisschen mehr gönnen.

ZUTATEN

Für 1 Springform (Ø 20cm)

Für den Boden

120g Butterkekse

2EL Zucker

2TL Lebkuchengewürz

60g Butter

Für die Füllung

1kg Frischkäse

120g Butter

220g saure Sahne

350g Zucker

5 Eier (Größe M)

2 Eigelb (Größe M)

Für den Guss

1 Packung gezuckerter, roter Tortenguss

250ml Glühwein

Außerdem

Rosmarinzweige

gezuckerte Cranberrys

ZUBEREITUNG

1 Den Backofen auf 200 °C (Ober-/Unterhitze) vorheizen und die Springform einfetten. Für den Boden die Kekse ganz fein mahlen und anschließend Zucker und Lebkuchengewürz unterrühren. Die Butter schmelzen und mit den Keksen vermengen. Krümel in die Springform geben und gleichmäßig ebnen. Nun etwa 15 Minuten lang backen. Abkühlen lassen.

2 Um die Springform in Aluminiumfolie zu wickeln, 2 lange Streifen Aluminiumfolie als Kreuz übereinanderlegen. In die Mitte der Springform legen, die Folie gut bis hoch an den Rand andrücken und somit die Springform einwickeln. Anschließend die Springform in eine große hohe Auflaufform stellen.

3 Für die Füllung müssen alle Zutaten Raumtemperatur haben. Den Frischkäse mit Butter, saurer Sahne und Zucker vermengen. Während des Rührvorgangs die Eier und Eigelbe einzeln langsam unterrühren. Wenn alles gut vermengt ist, die Füllung in die Springform gießen.

4 In die große Auflaufform heißes Wasser geben, sodass es zur Hälfte der Springformhöhe heranreicht.

5 Den Kuchen im vorgeheizten Backofen in 1 Stunde goldbraun backen, bis die Seiten etwas von der Form weichen und die Mitte noch etwas wackelig ist. Folie entfernen und abkühlen lassen. Über Nacht in den Kühlschrank stellen.

6 Den Kuchen aus dem Kühlschrank nehmen und vorsichtig die Ränder mit einem Messer lösen, um die Springform zu entfernen. Für den Guss den Tortenguss nach Packungsanleitung zubereiten – dabei das Wasser durch Glühwein ersetzen und anschließend über die Torte gießen. Nach Belieben mit gezuckerten Cranberrys oder kleinen Rosmarinzweigen dekorieren.

WALNUSS-

Möhren-Kuchen

Zum Festtagsmenü gehört auch definitiv ein schönes Dessert. Wie wäre es mit diesem herrlich üppigen Möhrenkuchen?

ZUTATEN

Für 1 Springform (Ø 20cm)

Für den Teig

100g Walnusskerne

220g geschälte Möhren

1 gehäufter TL gemahlener Zimt

130g Honig

½ Pck. Backpulver

2 Eier (Größe M)

140g Dinkelmehl (Type 630)

100g Apfelmus

50g geschmolzenes Kokosöl

1 Msp. gemahlene Vanille

30g Rohrohrzucker

Für das Topping

150g Magerquark

2–3TL Honig

1 Msp. gemahlener Zimt

Außerdem

Fett für die Springform

ganze Walnusskerne

Dattelsirup

gemahlener Zimt

ZUBEREITUNG

1 Den Backofen auf 190 °C (Ober-/Unterhitze) vorheizen. Die Form einfetten.

2 Die Walnusskerne in einem Standmixer fein mahlen. Die geschälten Möhren fein raspeln.

3 Alle Zutaten für den Teig in eine Schüssel geben und zu einem glatten Teig verrühren. Den Teig in die Springform füllen und im heißen Ofen (auf mittlerer Schiene) 80–90 Minuten backen; nach etwa 40 Minuten die Springform mit Alufolie abdecken, damit der Kuchen nicht zu dunkel wird.

4 Den Kuchen aus dem Backofen nehmen. Er ist im heißen Zustand noch nicht fest und muss in der Springform komplett auskühlen.

5 Inzwischen alle Zutaten für das Topping miteinander verrühren und auf den Kuchen streichen. Mit Walnusskernen und Dattelsirup verzieren, mit etwas Zimt bestreuen.

6 Den ausgekühlten Kuchen aus der Form nehmen und anschneiden.

Tipp

Der Kuchen kommt mit sehr wenig Dinkelmehl aus, muss daher aber recht lang gebacken werden.

Pandoro

Das „goldene Brot" stammt aus Italien und ist ein traditionell italienischer Weihnachtskuchen.

ZUTATEN

Für 1 Pandoro

6 Eier (Größe M)

200g Zucker

110ml Sonnenblumenöl

abgeriebene Schale von 1 Bio-Orange

170ml Orangensaft

40ml Milch

250g Weizenmehl (Type 405)

1 Pck. Backpulver

Außerdem

1 Pandoroform (alternativ 1 Gugelhupfform)

Butter zum Einfetten

Puderzucker zum Verzieren

ZUBEREITUNG

1 Die Eier trennen. Zucker zu den Eigelben geben und mithilfe des Handrührgeräts schaumig schlagen. Sonnenblumenöl in einem dünnen Strahl zu der Masse geben und weiter cremig rühren. Orangenschale, Saft und Milch zugeben und ebenfalls unterrühren. Mehl und Backpulver nach und nach hinzugeben und weiter vermengen, bis ein cremiger Teig entstanden ist.

2 Das Eiweiß steif schlagen und behutsam unter den Teig heben, bis sich eine glatte Masse gebildet hat.

3 Den Backofen auf 200 °C (Ober-/Unterhitze) vorheizen. Eine Pandoroform gründlich mit Butter fetten. Den Teig in die Form füllen und den Pandoro im heißen Ofen (auf mittlerer Schiene) 40–45 Minuten backen. Falls die Oberfläche zu dunkel wird, einfach mit einem Stück Alufolie abdecken. Um zu testen, ob er fertig ist, die Stäbchenprobe durchführen.

4 Pandoro anschließend herausnehmen und kurz abkühlen lassen. Die Form kippen und den Kuchen hinausgleiten lassen. Zum Servieren mit reichlich Puderzucker garnieren.

RIESIGE Zimtschnecke

Es gibt nichts Besseres als köstliche Zimtschnecken, um seine Liebsten im Winter am Tisch zu versammeln! Die Zimtschnecke ist ein wahrer Genuss, passt zu jeder Tageszeit und lässt das Haus herrlich nach Zimt und Weihnachten duften.

ZUTATEN

Für 1 Springform (Ø 28cm)

Für den Teig

1EL Zucker

125ml warme Milch

½Würfel frische Hefe (21g)

250g Mehl

55g zerlassene Butter

1 Eigelb

Salz

Für die Füllung

55g zerlassene Butter

3EL braunen Zucker

3TL gemahlener Zimt

Hagelzucker, nach Belieben

ZUBEREITUNG

1 Zucker in die warme Milch einrühren. Hefewürfel in die Milch hineinbröckeln und verrühren. Kurz an einem warmen Ort gehen lassen.

2 Mehl in eine große Rührschüssel geben und die Hefemilch, das Eigelb und einer Prise Salz hinzugeben. Mit einem Knethaken anfangen zu kneten.

3 Butter während des Knetvorgangs hinzugeben und den Teig etwa 8 Minuten lang verkneten. Anschließend zugedeckt an einem warmen Ort (zum Beispiel im Ofen bei 50 °C Umluft) mindestens 40 Minuten lang aufgehen lassen.

4 Ofen auf 200 °C (Ober-/Unterhitze) vorheizen. Den Teig nun auf eine bemehlte Arbeitsfläche geben und mit einem Nudelholz zu einem großen Rechteck ausrollen.

5 Butter mit Zucker und Zimt vermengen und damit den Teig bestreichen. An der längeren Seite zu einer Schnecke zusammenrollen.

6 Anschließend die Schnecke längs mit einem scharfen Messer halbieren und die Schnittseite nach außen drehen. Nun den Zopf um sich selbst wickeln, sodass die Schnittenden nach außen zeigen. Diesen gewickelten Zopf dann als große Schnecke in die Form legen. Nach Belieben mit weiterer Butter bestreichen und/ oder mit Hagelzucker bestreuen.

7 Die Schnecke etwa 25–30 Minuten goldbraun backen und am besten noch warm servieren.

Apfelstrudel

Schon während der Strudel im Ofen ist, wird das Haus von dem herrlichen Apfel-Zimt-Duft durchströmt! Am besten genießen Sie ihn dann direkt nach dem Backen.

ZUTATEN

Für 1 Strudel

Für den Teig

300g Weizenmehl (Type 405)

100g Butter

1TL Salz

160g Zucker

2 Eier (Größe M)

1TL gemahlene Vanille

1EL abgeriebene Schale einer Bio-Orange

Für die Füllung

3 Äpfel (z.B. Gala, Braeburn, Elstar)

2EL Rosinen

2EL Pinienkerne

2EL Zucker

2TL gemahlener Zimt

2EL Zitronensaft

2TL abgeriebene Schale von 1 Bio-Zitrone

2EL Semmelbrösel

Außerdem

1 Ei (Größe M)

Puderzucker

ZUBEREITUNG

1 Alle Zutaten für den Teig in eine Schüssel geben und erst gründlich mit den Knethaken des Handrührgeräts, anschließend mit den Händen zu einem glatten Teig verkneten. Zu einer Kugel formen, mit Frischhaltefolie abdecken und 2 Stunden im Kühlschrank kalt stellen.

2 In der Zwischenzeit die Äpfel schälen, vierteln, vom Kerngehäuse befreien und in 1cm große Würfel schneiden. Apfelwürfel mit den übrigen Zutaten für die Füllung vermengen.

3 Den Backofen auf 220 °C (Ober-/Unterhitze) vorheizen, und eine Lage Backpapier auf die Arbeitsfläche auslegen. Den Teig daraufgeben und 5mm dick und rund ausrollen. Dabei zügig arbeiten, damit der Teig nicht zu weich wird.

4 Die Apfelfüllung in der Mitte länglich auf dem Teig verteilen und ihn von den kurzen Seiten her über der Füllung einschlagen. Anschließend von links und rechts vorsichtig über der Füllung einschlagen. Dieser Schritt ist nicht ganz einfach, da der Teig schnell einreißen kann. Das Backpapier ggf. mit dem Teig über die Füllung legen und das Papier anschließend vorsichtig abziehen. Zum Schluss noch das Ei verquirlen und den Teig damit einpinseln.

5 Das Backpapier mit dem Strudel auf das Blech setzen und 5 Minuten im heißen Ofen (auf mittlerer Schiene) vorbacken, dann die Hitze auf 190 °C reduzieren den Strudel in 30 Minuten fertig backen.

6 Den fertigen Strudel kurz etwas abkühlen lassen und bestäuben zum Servieren mit reichlich Puderzucker bestäuben. Auch kalt ist der Strudel ein Genuss!

Bûche de Noël

Ein weiteres internationales Weihnachtsgebäck ist der Weihnachtsstammbaum, der hauptsächlich in französischsprachigen Ländern an Weihnachten zubereitet wird.

ZUTATEN

Für 1 Stück

Für den Biskuitteig

120g Weizenmehl (Type 405)

1 Prise Natron

90g Butter

6 Eier (Größe M)

150g Zucker

Für die Schokoladen-Ganache

250g Zartbitterschokolade (70% Kakaogehalt)

360ml Sahne

Für die Maronen-Schoko-Füllung

200g Maronenpüree

150g Butter

80g Zartbitterschokolade (70% Kakaogehalt)

ZUBEREITUNG FÜR DEN BISKUITTEIG

1 Das Mehl mit dem Natron vermengen. Die Butter schmelzen, abkühlen lassen und anschließend beiseitestellen. Ein Backblech einfetten und mit Backpapier auslegen. Den Backofen auf 200 °C (Ober-/Unterhitze) vorheizen.

2 Eier mit Zucker verquirlen und dann über einem heißen Wasserbad so lange unter Rühren erhitzen, bis der Zucker aufgelöst ist.

3 Anschließend die Masse so lange verrühren, die Masse muss sich verdoppeln. Nun das Mehl langsam unterheben und zum Schluss die Butter vorsichtig unterrühren.

4 Den Teig auf das Backblech geben und glatt streichen.

5 Etwa 15 Minuten im vorgeheizten Backofen goldbraun backen.

6 Ein Küchentuch leicht befeuchten und Backpapier darauflegen. Den Kuchen aus dem Backofen nehmen und vorsichtig auf das Backpapier stürzen. Das Backpapier nun vom Teig abziehen. Die Ränder abschneiden und vorsichtig von der langen Seite her mit dem Küchentuch einrollen. Kurz in den Kühlschrank zum Abkühlen legen.

REZEPT FÜR DIE SCHOKOLADEN-GANACHE

1 Die Schokolade klein hacken und in eine Schüssel geben. Dann Sahne zum Kochen bringen und über die Schokolade gießen.

2 2 Minuten stehen lassen.

3 Die Masse verrühren, bis sich die Schokolade aufgelöst hat und über Nacht in den Kühlschrank stellen.

4 Wenn der Kuchen bereit zum Einstreichen ist, Ganache mithilfe eines Rührgeräts locker cremig aufschlagen.

REZEPT FÜR DIE MARONEN-SCHOKO-FÜLLUNG

1 Das Maronen-Püree mit Butter locker aufschlagen.

2 Die Schokolade schmelzen, zu der Creme hinzugeben und gut vermengen.

REZEPT FÜR DEN BÛCHE DE NOËL

1 Die Ganache am Vorabend zubereiten und kalt stellen. Den Biskuitteig backen und während der eingerollte Teig im Kühlschrank abkühlt, die Maronen-Creme machen und damit den ausgerollten Biskuitteig bestreichen.

2 Den Kuchenteig wieder einrollen und erneut kühlen.

3 Ganache cremig aufschlagen. Die Enden der Biskuitrolle schräg abschneiden und als Äste neben dem Stamm auf dem Teller arrangieren. Die Rolle mit der Ganache bestreichen, sodass ein Rindenmuster entsteht. Bis zum Servieren kühlen.

4 Kurz vor dem Servieren mit etwas gehackten Pistazien als Moos, gezuckerten Cranberrys und kleinen Rosmarinzweigen dekorieren.

WINTERLICHE

Mohntorte

Diese Mohntorte eignet sich auch wunderbar als Dessert nach dem Weihnachtsessen. Auch wenn sie sehr üppig ist, geschmacklich ist sie ein wahrer Gaumenschmaus. Und wer zählt an Weihnachten schon Kalorien?

ZUTATEN

Für 1 Torte (Ø 15cm)

Für die Creme

125g Quark (Magerstufe)

250g Mascarpone

½TL Abrieb von 1 Bio-Zitrone

30g Puderzucker

1EL Vanillezucker

80g Sahne

Für die Böden

4 Eier (Größe M)

250g Zucker

200ml Speiseöl

200ml Orangensaft

300g Weizenmehl (Type 405)

200g gemahlener Mohn

1 Pck. Backpulver

4EL Erdbeerkonfitüre

Außerdem

Margarine und Mehl für die Formen

1 Granatapfel

50g Zartbitterkuvertüre (70% Kakaogehalt)

ZUBEREITUNG

1 Den Quark mit Mascarpone und Zitronenschale kurz cremig rühren. 25g Puderzucker sieben und mit dem Vanillezucker unterheben.

2 Die Sahne mit dem übrigen Puderzucker steif schlagen und vorsichtig unter die Masse ziehen. 1 Stunde in den Kühlschrank stellen.

3 Den Backofen auf 180 °C (Ober-/Unterhitze) vorheizen. 3 Springformen einfetten und mit Mehl ausstäuben. Für die Böden die Eier mit dem Zucker cremig schlagen. Öl und Orangensaft zugeben und verrühren. Das Mehl mit Mohn und Backpulver mischen und unterrühren.

4 Den Teig gleichmäßig auf die Formen verteilen und im vorgeheizten Backofen für 35–40 Minuten backen. Die Böden herausnehmen und abkühlen lassen. Bei Bedarf die Kuppel der Böden jeweils abschneiden, damit sie eine gerade Oberfläche haben.

5 2 Böden mit Erdbeerkonfitüre bestreichen. Den ersten Boden zusätzlich mit einem Sechstel der Creme bestreichen und den zweiten Boden daraufsetzen. Erneut mit einem Sechstel der Creme bestreichen und den dritten Boden obenauf legen. Mit der restlichen Creme die Torte rundherum überziehen.

6 Den Granatapfel halbieren und entkernen. Die Kerne zum Abschluss auf der Torte verteilen. Die Kuvertüre hacken und über einem heißen Wasserbad schmelzen. Dann mithilfe des Spritzbeutels 8–10 kleine Tannenbäume aus Kuvertüre auf Backpapier zeichnen. Die Bäumchen im Kühlschrank aushärten lassen.

7 Sobald die Kuvertüre hart ist, die Bäumchen vorsichtig vom Backpapier lösen und seitlich an der Torte auf die Creme drücken.

Schokotörtchen

Manchmal darf es auch ein cremiges Törtchen sein. Ob zum Nachmittagskaffee oder als Dessert beim winterlichen Dinner – die kleinen Cupcakes machen definitiv eine gute Figur.

ZUTATEN

Für 12 Stück

Für den Teig

3 Eier (Größe M)

50g Zucker

2EL Magerquark

2EL Kokosöl

150g gemahlene Mandeln

2EL Backkakao

1TL Backpulver

25g gehackte Zartbitterschokolade (70% Kakaogehalt)

Für das Topping

3EL Puderzucker

125g Magerquark

3EL Kakaopulver

250g Mascarpone

Außerdem

15g Zartbitterschokolade (70% Kakaogehalt), nach Belieben

ZUBEREITUNG

1 Den Ofen auf 180 °C (Ober-/Unterhitze) vorheizen. Für den Teig die Eier mit Zucker verrühren. Magerquark und Kokosöl unterziehen. Mandeln, Kakao, Backpulver mischen und untermixen. Danach die Schokolade hacken und rasch unterziehen.

2 Den Teig in eine mit Papierförmchen ausgelegte Muffinform füllen und etwa 20 Minuten backen. Aus dem Ofen holen, kurz in der Form ruhen, dann auf einem Gitter vollständig abkühlen lassen.

3 Den Puderzucker mit Magerquark und Backkakao cremig rühren. Mascarpone mischen und rasch unterheben. In einen Spritzbeutel mit Sterntülle füllen und die Cupcakes damit garnieren. Nach Belieben Schokolade hacken, im Wasserbad schmelzen und die Cupcakes damit verzieren.

Tipp

Wer mag, verfeinert das Topping noch mit einer weihnachtlichen Prise Zimt.

Bratapfeltorte

Bratäpfel kennen und lieben wir (s. Rezept Seite 100). Bei dieser Torte lernen Sie den Klassiker als herrliche Tortenkreation kennen!

ZUTATEN

Für 1 Torte (Ø 15cm)

Für den Teig

80g weiche Butter

280g Zucker

240g Weizenmehl (Type 405)

1EL Backpulver

Salz

1TL gemahlener Zimt

2 Eier (Größe M)

240ml Milch

2 Äpfel

50g gehackte Walnusskerne

Für die Zimtcreme

150g weiche Butter

300g Puderzucker

2 ½EL Milch

1TL gemahlener Zimt

Außerdem

80g Marzipan

150g gezuckerte Cranberrys

ZUBEREITUNG

1 3 Springformen einfetten und mit Backpapier auslegen. Den Backofen auf 200 °C (Ober-/Unterhitze) vorheizen.

2 Butter mit Zucker, Mehl, Backpulver, 1 Prise Salz und Zimt vermengen und so lange verrühren, bis die Konsistenz sandartig wird.

3 Eier mit der Milch vermengen und langsam zu der Teigmasse hinzugeben. Zu einer glatten Masse verrühren.

4 Äpfel schälen und in kleine Würfel schneiden. Die gehackten Walnusskerne langsam unterheben und den Teig in alle 3 Formen verteilen.

5 Den Kuchen nun für etwa 20 Minuten backen, die Stäbchenprobe machen und anschließend abkühlen lassen.

6 Für die Zimtcreme die Butter mit Puderzucker, Milch und Zimt zu einer lockeren Creme schlagen. Jeweils 40g Marzipan dünn ausrollen.

7 Auf die erste Teigschicht die Zimtcreme auftragen, darauf das Marzipan geben und trimmen. So auch mit der zweiten Schicht fortfahren; mit der dritten Teigschicht abschließen.

8 Das komplette Törtchen nun mit Zimtcreme einhüllen. Anschließend mit den gezuckerten Cranberrys dekorieren.

WÜRZIGER
Apfelkuchen

Dieser Apfelkuchen passt perfekt zu einem Gläschen schottischem Whisky als Digestif. Er ist nicht zu süß und durch den Rosmarin leicht kräutrig-herb.

ZUTATEN

Für 1 Springform (Ø 20cm)

Für den Kuchen

120g zimmerwarme Butter

100g Zucker

1 Vanilleschote

2 Eier (Größe M)

100g gemahlene Mandeln

70g Mehl

1TL Salz

1TL Backpulver

20ml Milch

2EL Ahornsirup

2 Zweige Rosmarin

2 kleine pinke Äpfel

Für das Scotch-Karamell

130g Zucker

200g Sahne

60ml Scotch

½TL Salz | 60g Butter

Außerdem

Puderzucker

1EL Rosmarinnadeln

ZUBEREITUNG

1 Für den Kuchen den Backofen auf 180 °C (Ober-/Unterhitze) vorheizen. Eine runde Form einfetten. Die Butter zusammen mit dem Zucker und dem herausgekratzten Mark der Vanilleschote schaumig aufschlagen. Dann die Eier einzeln dazugeben und jeweils kurz unterrühren. Die gemahlenen Mandeln mit Mehl, Salz und Backpulver mischen und zur Zucker-Ei-Mischung geben. Unterheben, dann Milch und Ahornsirup hinzugeben und ganz kurz unterrühren, nur so, dass sich die Zutaten eben miteinander verbinden. Die Rosmarinnadeln von den Zweigen zupfen, grob hacken, per Hand unterrühren und den Teig in die vorbereitete Form füllen.

2 Die Äpfel schälen, halbieren, entkernen und längs ein wenig einritzen. Die Apfelhälften auf den Teig legen und den Kuchen auf der zweiten Schiene von unten im vorgeheizten Ofen etwa 35 Minuten backen. Eventuell gegen Ende der Backzeit mit Alufolie abdecken, damit er nicht zu dunkel wird.

3 In der Zwischenzeit das Karamell vorbereiten. Hierfür den Zucker in einer heißen Pfanne goldgelb karamellisieren lassen und mit der Sahne und dem Whisky ablöschen. Vorsicht, das spritzt ein wenig! Die Karamellsahne von Zeit zu Zeit durchrühren, bis der Zucker vollständig geschmolzen ist und die Masse eine sirupartige Konsistenz hat. Das dauert ungefähr 5 Minuten. Zum Schluss Salz und Butter unterrühren.

4 Den fertigen Kuchen auf einem Gitter auskühlen lassen, mit Puderzucker bestäuben, mit Karamell beträufeln und mit Rosmarinnadeln garnieren.

POCHIERTE Schokobirnen

Die „Birne Helene" eignet sich hervorragend als Dessert zum Abschluss eines köstlichen Weihnachtsmenüs.

ZUTATEN

Für 4 Portionen

4 Birnen

1 Bio-Orange

100g Puderzucker

1 Zimtstange

2 Kardamomkapseln

30g Mandelblättchen

150g Zartbitterschokolade (60–75% Kakaogehalt)

100ml Milch

Außerdem

4 Kugeln Vanilleeis

ZUBEREITUNG

1 Birnen schälen, aber dabei den Stiel nicht entfernen. Strunk am Boden der Birnen herausschneiden und von unten keilförmig auch das Kerngehäuse so weit wie möglich entfernen.

2 Orange heiß abwaschen und 4 Zesten abziehen. 1 Liter Wasser in einem Topf erhitzen, Puderzucker, Orangenzesten, Zimtstange und Kardamomkapseln hineingeben. Alles aufkochen, die Hitze reduzieren und so lange köcheln lassen, bis sich der Zucker aufgelöst hat.

3 Birnen in den Sirup legen, 20 Minuten köcheln und anschließend im Sirup erkalten lassen.

4 In einer Pfanne die Mandelblättchen kurz rösten, bis sie Farbe annehmen, dann abkühlen lassen.

5 Schokolade grob zerbröseln und in einen Topf geben. Milch hinzufügen und unter Rühren zusammen erwärmen. So lange rühren, bis die Schokolade vollständig geschmolzen ist und sich mit der Milch verbunden hat.

6 Birnen auf jeweils 1 Teller setzen. Schokoladenmischung vorsichtig über die Birnen träufeln. Mit den Nüssen bestreuen. Dazu je 1 Kugel Vanilleeis servieren.

Panna Cotta

Ein klassisches Dessert mit einem modernen Cranberry-Twist.
Fruchtig, cremig, weihnachtlich – so muss ein Nachtisch sein!

ZUTATEN

Für 4 Portionen

Für die Ricottacreme

4EL Puderzucker

200g Magerquark

400g Ricotta

Für die weihnachtliche Rote Grütze

100g Cranberrys (aufgetaut oder frisch)

300g TK-Beerenmix

1 ½TL Honig

½ Vanilleschote

2 Sternanis

½TL gemahlener Zimt

1TL Speisestärke

ZUBEREITUNG

1 Den Puderzucker mit Magerquark und Ricotta vermischen.

2 Für die weihnachtliche rote Grütze Cranberrys und Beerenmix in einen kleinen Topf geben. Mit Honig nach Belieben süßen. Die Vanilleschote aufritzen und das Mark ausschaben. Schote, Vanillemark, Sternanis und Zimt zu den Beeren geben und aufkochen.

3 Die Speisestärke mit 3 EL Wasser glatt rühren. Unter den Beerenmix rühren und andicken lassen. 5 Minuten ziehen lassen, dann Vanilleschote und Sternanis entfernen. Abkühlen lassen.

4 Ricottacreme und Rote Grütze abwechselnd in 4 Dessertgläser schichten und bis zum Servieren kalt stellen.

Tipp

Streuen Sie als extra Topping noch einen Mix aus gehackten Haselnusskernen und Mandeln über die Gläser.

Joghurt-Labneh
MIT HEISSEN HIMBEEREN

Labneh ist eine Art Sahnejoghurt, der ursprünglich aus dem arabischen Raum stammt.

ZUTATEN

Für 4 Portionen

800g Joghurt

Salz

3EL Puderzucker

abgeriebene Schale von 1 Bio-Limette

200g TK-Himbeeren

15g Zucker

2EL Mandelblättchen

Außerdem

feines Sieb

4 Dessertteller

ZUBEREITUNG

1 Ein feines Sieb mit einer Mullwindel oder 1–2 Lagen Küchenpapier auslegen. Joghurt mit 1 Prise Salz verrühren und in das Tuch füllen. Mit Folie abdecken, mit einem Teller beschweren und 24 Stunden im Kühlschrank abtropfen lassen.

2 Dann in eine Schale umfüllen, Puderzucker und Limettenschale einrühren.

3 Die Himbeeren auftauen lassen. Drei Viertel der Himbeeren mit etwas Wasser weich kochen und leicht zerdrücken. Den Zucker einmischen. Restliche Himbeeren hinzugeben und erwärmen. Labneh auf vier Dessertteller verteilen und mit heißen Himbeeren servieren. Mit Mandelblättchen bestreuen.

Schokoladen-Mousse
MIT FLEUR DE SEL

Die Kombination aus süß und salzig ist einfach etwas Besonderes. Dieses Mousse werden Sie und Ihre Gäste unter Hochgenuss verzehren.

ZUTATEN

Für 4 Portionen

100g Zartbitterschokolade (70% Kakaogehalt)

2 Eier (Größe M)

Salz

2 ½TL Zucker

130g Sahne

Fleur de Sel

ZUBEREITUNG

1 Die Schokolade hacken und über dem heißen Wasserbad schmelzen, abkühlen lassen. Eier trennen. Eiweiße mit 1 Prise Salz und Birkenzucker zu Schnee schlagen, kühlen. Die Eigelbe hellcremig aufschlagen und die Sahne steif schlagen.

2 Die handwarme Schokolade mit dem Eigelb vermischen, erst Sahne, dann Eischnee unterheben. Das Mousse in vier Gläser verteilen. Mind. 4 Stunden, lieber über Nacht, kühlen. Vor dem Servieren mit etwas Fleur de Sel bestreuen.

Tipp

Wenn Sie möchten, verfeinern Sie das Mousse noch mit 1TL gemahlenem Zimt. So wird es noch einen Hauch weihnachtlicher!

GEWÜRZBEEREN-
Cheesecake im Glas

Gerade bei festlichen Menüs bieten sich Desserts im Glas perfekt an. Sie sind super vorzubereiten und können bis zu ihrem finalen Auftritt im Kühlschrank ruhen.

ZUTATEN

Für 4 Portionen

Für den Boden

150ml Orangensaft

15g brauner Zucker

3 Cookies mit Schokostückchen

Für die Käsemasse

400g Frischkäse

2EL Vanillezucker

Saft von 1 Zitrone

Für die Kirschen

100ml Kinderpunsch (wahlweise Glühwein)

½ Glas Sauerkirschen (für 180g Kirschen und 150ml Kirschsaft)

½ Bio-Orange

25g brauner Zucker

1 Zimtstange

1 Sternanis

1TL Speisestärke

Außerdem

20g Zartbitterkuvertüre (70% Kakaogehalt) oder Schokostreusel

ZUBEREITUNG

1 Für den Boden den Orangensaft mit dem braunen Zucker in einem Topf aufkochen und so lange köcheln lassen, bis sich die Masse auf die Hälfte reduziert hat.

2 Die Cookies in einen Gefrierbeutel legen und mit dem Nudelholz klein klopfen. Anschließend die Keksbrösel mit dem Orangensirup verrühren und kühl stellen.

3 Für die Käsemasse den Frischkäse mit Vanillezucker und Zitronensaft verrühren und ebenfalls kühl stellen.

4 Den Kinderpunsch mit dem aufgefangenen Kirschsaft in einen Topf gießen. Die Orange waschen, abtrocknen, in Scheiben schneiden und in den Punsch geben. Braunen Zucker, Zimtstange und Sternanis hinzufügen und alles kurz aufkochen. Dann bei niedriger Hitze etwa 15 Minuten köcheln lassen. Orangenscheiben, Zimtstange und Sternanis wieder entfernen.

5 Die Speisestärke in etwas kaltem Wasser auflösen, in die Punschmasse rühren und alles erneut aufkochen. So lange köcheln lassen, bis die Masse eindickt. Die Kirschen unterheben und 15 Minuten ziehen lassen.

6 Jeweils eine Schicht Cookie-Brösel, Käsemasse und Gewürzkirschen in die Gläser füllen. Mit geraspelter Kuvertüre oder Schokostreuseln verziert servieren.

Impressum

Covergestaltung, Layout und Satz: Celina Reiser
Lektorat: Franziska Pfister
Rezepte: Melanie Allhoff (S. 100, 112, 142, 158), Jennifer Friedrich (S. 34), Sabrina Sue Daniels (S. 66, 104, Gabriele Gugetzer (S. 20, 26, 32, 42, 60, 96), Clara Hansemann (S. 22, 28, 30, 38, 40, 46, 58, 68, 78, 82), Mara Hörner (S. 98, 116, 132), Katharina Küllmer (S. 148), Heike Niemoeller (S. 120), Maria Panzer (S. 14, 24, 52–56, 76, 106–108, 144, 152–156), Sara Plavic (S. 16, 70, 80, 84, 130, 134, 140, 146), Sara Plavic & Tamara Staab (S. 72, 86, 90, 92, 126), Alissa Poller (S. 48, 88, 94, 122), Britta Welzer, Svenja Mattner & Andrea Menichelli (S. 18, 50, 62, 74, 102, 110, 118, 124, 136, 138)

Bildnachweis: Melanie Allhoff (S. 101, 113, 143, 159), Tina Bumann (S. 17, 23, 29, 31, 35–41, 47, 59, 69, 79, 83), Sabrina Sue Daniels (S. 21, 27, 33, 43, 61, 67, 105), Eising Studios GmbH (S. 49, 89, 95, 123), Mara Hörner (S. 99, 117, 133), Katharina Küllmer (S. 149), Heike Niemoeller (S. 121), Maria Panzer (S. 15, 25, 53–57, 77, 107–109, 145, 153–157), Sara Plavic (S. 71, 81, 85, 131, 135, 141, 147), Sara Plavic & Staab (S. 73, 87, 91, 93, 127), Claudia Timmann (S. 97), Britta Welzer & Svenja Mattner (S. 19, 51, 63, 75, 103, 111, 119, 125, 137, 139)

Druck und Bindung: Livonia Print, Jūrkalnes iela 15/25, Rīga, LV-1046, Latvia/Lettland

www.emf-verlag.de